10637181

Louise L. Hay

TRANSFORMEZ VOTRE VIE

Je vous dédie ce livre en souhaitant qu'il vous aide à découvrir combien vous êtes merveilleux, plein d'amour, et à vous accepter ainsi.

Sommaire

Avant-propos   7

PREMIÈRE PARTIE
Introduction

Quelques suggestions à mes lecteurs   11
Les grandes lignes de ma philosophie   13

Chapitre 1 : Ce que je crois   17

DEUXIÈME PARTIE
Une session avec Louise

Chapitre 2 : Quel est le problème ?   33

Chapitre 3 : D'où vient ce problème ?   49

Chapitre 4 : Est-ce vrai ?   59

Chapitre 5 : Que faisons-nous maintenant ? . . .   69

Chapitre 6 : La résistance au changement   79

Chapitre 7 : Comment changer   99

Chapitre 8 : La construction du neuf   115

Chapitre 9 : La pratique quotidienne   129

TROISIÈME PARTIE
Pour concrétiser toutes ces idées

Chapitre 10 : Les relations   145

Chapitre 11 : Le travail   153

Chapitre 12 : Le succès   159

Chapitre 13 : La prospérité   163

Chapitre 14 : Le corps   177

Chapitre 15 : La liste   205

QUATRIÈME PARTIE

Chapitre 16 : Mon histoire   257
Suggestions pour la guérison holistique   271

Avant-propos

Si je devais partir pour une île déserte avec un seul livre, je choisirais certainement celui de Louise L. Hay. Il contient non seulement le travail d'un grand maître, mais aussi le témoignage puissant et personnel d'une grande dame.

Louise partage avec nous son expérience et son évolution. J'éprouve une grande admiration et de la compassion pour l'histoire de sa vie — trop brièvement relatée dans ce livre à mon point de vue. J'espère bien la lire dans une prochaine publication.

Ce livre contient tout — tout ce que vous devez savoir sur la vie, ses leçons, et sur la manière d'accomplir votre travail personnel. Il comprend également sa Liste des schémas mentaux créant nos maladies les plus courantes, qui constitue un guide remarquable et sans doute unique. Un naufragé sur une île déserte trouverait dans cet ouvrage tous les ingrédients de la plénitude.

Si vous croisez le chemin de Louise Hay, ne serait-ce que par hasard, vous êtes sur la bonne voie. Ses livres, ses cassettes et ses séminaires sont des cadeaux magnifiques dans un monde en plein désarroi.

C'est en soignant les malades du sida que j'ai rencontré Louise, dont j'utilise les techniques de guérison.

Tous les malades qui ont écouté sa cassette intitulée « Une approche positive du sida » ont réagi instantanément et l'ont incluse dans leur thérapie quotidienne. L'un d'eux m'a déclaré : « Je m'endors tous les soirs avec Louise et je me réveille avec elle tous les matins ! »

J'ai vu « mes » chers malades du sida accomplir leur transition dans l'harmonie, la paix et la plénitude. Grâce à l'expérience que leur a permise Louise, ils ont trouvé l'amour d'eux-mêmes, le sens du pardon et l'acceptation de la leçon qu'ils ont créée pour eux-mêmes. C'est pourquoi j'aimerais lui exprimer tout mon respect, mon admiration et mon amitié.

J'ai eu la chance de connaître plusieurs grands maîtres, dont certains que je considère comme des saints. Louise est aussi un grand maître, avec une admirable capacité d'écoute ; elle sait partager son amour en toute simplicité car elle vit pleinement son enseignement, qui repose sur l'exemple.

C'est pour moi une grande joie et un honneur de vous inviter à intégrer ce livre dans votre vie. Vous — et lui — en valez la peine !

Dave Braun

PREMIÈRE PARTIE

Introduction

Quelques suggestions à mes lecteurs

Ce livre est conçu sur le schéma d'une consultation, comme si vous étiez l'un de mes clients ou des participants d'un séminaire.

Si vous effectuez les exercices dans l'ordre où ils sont présentés, vous vous rendrez compte, en arrivant à la dernière page, que votre vie a déjà commencé à changer.

Je suggère que vous lisiez ce livre une première fois, en entier, puis que vous le relisiez plus lentement pour effectuer chaque exercice en profondeur. Accordez-vous le temps nécessaire à chacun d'eux.

Si possible, accomplissez votre travail conjointement avec un ami ou un membre de votre famille.

Chaque chapitre débute par une affirmation qui correspond à un aspect de votre vie. Consacrez deux à trois jours par chapitre. Écrivez et répétez-vous souvent cette affirmation d'introduction pour qu'elle agisse pleinement.

Les chapitres se terminent par un texte composé d'idées positives, destinées à modifier votre conscience. Lisez-le plusieurs fois par jour.

A la fin de cet ouvrage, je relate ma propre histoire pour que vous compreniez que nous pouvons tous évoluer positivement, quels que soient nos antécédents ou les malheurs que nous avons vécus.

Enfin, sachez que tout mon amour vous accompagne dans votre travail.

Les grandes lignes de ma philosophie

Nous sommes tous entièrement responsables
de chacune de nos expériences.

Chacune de nos pensées crée notre avenir.

Le pouvoir réside toujours dans le présent.

Nous souffrons tous de culpabilité et d'un manque
d'amour pour nous-mêmes.

Nous pensons tous au fond de nous : « Je ne suis
pas assez bien. »

Ce n'est qu'une pensée et une pensée
peut être changée.

Le ressentiment, la critique et la culpabilité
exercent en nous l'influence la plus négative.

Se délivrer du ressentiment vient même
à bout du cancer.

Si nous nous aimons réellement, tout va bien
dans notre vie.

Nous devons nous défaire du passé et
pardonner à tous.

Nous devons apprendre à nous aimer nous-mêmes.

L'approbation et l'acceptation de soi sont les clés
d'un changement positif.

Nous créons toutes nos « maladies » physiques.

L'Univers infini dans lequel je me trouve
est complet et parfait,
quoique ma vie évolue constamment.
Il n'existe ni début ni fin,
mais seulement un cycle éternel
de substance et d'expériences.
Rien dans la vie n'est statique,
car chaque instant se manifeste
par sa nouveauté et sa fraîcheur.
Je suis un avec la Puissance qui m'a créé,
et m'a donné le pouvoir de créer
mes propres expériences.
Je me réjouis de savoir que je suis le maître
de mon esprit.
Chaque instant de la vie est un nouveau départ
et nous démarque du passé.
Ce moment même est un point de départ
pour moi, ici et maintenant.
Tout est bien dans le monde qui est le mien.

CHAPITRE UN

Ce que je crois

> « Les portes de la connaissance et de la sagesse
> sont toujours ouvertes. »

La vie est vraiment très simple. Tout ce que nous donnons nous sera rendu

Ce que nous pensons de nous-mêmes deviendra notre réalité. Je suis persuadée que nous sommes tous entièrement responsables de notre vie, du meilleur comme du pire. Chacune de nos pensées pose les jalons de notre avenir. Et toutes nos expériences sont le fruit de nos pensées et sentiments. Nos pensées et nos paroles créent nos expériences.

Nous créons nos situations, mais reportons la faute sur d'autres en cas d'insatisfaction. Rien ni personne ne possède le moindre pouvoir sur nous, car « nous » sommes les seuls à gérer notre pensée. Nous créons nos expériences et notre réalité, avec les personnes qu'elle inclut. Si nous parvenons à rendre notre pensée harmonieuse et équilibrée, il en ira de même pour notre vie.

Dans laquelle de ces deux phrases vous reconnaissez-vous le plus ?

« Les autres sont contre moi. »
« Je peux toujours compter sur les autres. »

Chacune de ces pensées donnera naissance à des expériences différentes. Ce que nous pensons de nous-mêmes et de notre vie deviendra notre vérité.

L'univers soutient entièrement chacune de nos pensées et croyances

En d'autres termes, notre inconscient accepte tout ce que nous choisissons de croire. Cela signifie que ce que je pense de moi et de ma vie deviendra ma réalité. Et notre choix de pensées est illimité.

En partant de ce principe, il devient sensé de choisir « Je peux toujours compter sur les autres » plutôt que « Les autres sont contre moi ».

La puissance universelle ne nous juge ni ne nous critique jamais

Elle nous accepte toujours selon la valeur que nous nous donnons. Puis elle reflète nos croyances dans notre vie. Si je veux croire à la solitude et que personne ne m'aime, c'est ainsi que je vivrai.

En revanche, si je me débarrasse de cette pensée pour affirmer : « L'amour est partout, j'aime et je suis digne d'être aimé», et si je me répète souvent cette affirmation en y croyant sincèrement, elle se vérifiera pour moi. Je rencontrerai des personnes pleines d'amour et celles que je connais déjà en témoigneront davantage ; je serai aussi à même d'exprimer plus facilement mon amour.

Nous avons presque tous de fausses images de nous-mêmes, ainsi que de très nombreuses conceptions rigides sur la vie

Je n'accuse personne, car nous faisons tous de notre mieux à chaque instant. Si notre connaissance, notre compréhension et notre conscience étaient plus développées, nous agirions différemment. Ne vous en voulez pas d'être comme vous êtes. Le simple fait que vous teniez ce livre entre vos mains signifie que vous êtes prêt à améliorer votre vie.

Pendant notre enfance, le comportement des adultes qui nous entourent influence notre manière d'appréhender la vie et nous-mêmes

C'est ainsi que nous construisons notre image de nous-mêmes et de ce monde. Si vous avez vécu parmi des personnes malheureuses, anxieuses, pleines de culpabilité ou aigries, vous avez acquis beaucoup de négativité à propos de vous-même et de votre monde.

« Tout ce que je fais est mal. » « C'est de ma faute. » « Si je me fâche, c'est que je ne suis pas gentil. »

Toutes ces croyances ne peuvent engendrer que des frustrations.

Devenus adultes, nous avons tendance à reproduire le monde émotionnel de notre enfance

Ce n'est ni bon ni mauvais, ni juste ni faux ; c'est seulement ce que nous connaissons le plus intimement. Nous avons aussi tendance à modeler nos relations selon celle que nous avions avec nos parents, ou celle qu'ils avaient entre eux. Vous n'avez qu'à songer au nombre de fois où vous avez eu un partenaire ou un patron « exactement » comme votre père ou votre mère.

De même, nous nous traitons comme nos parents nous traitaient. Nous nous grondons, punissons ou aimons de manière identique. On croirait parfois les entendre.

« Tu ne fais jamais rien correctement. » « C'est entièrement ta faute. » Combien de fois vous êtes-vous accusé ainsi ?

« Tu es merveilleux. » « Je t'aime. » Combien de fois vous l'êtes-vous dit ?

Toutefois, je ne mettrais pas la faute sur nos parents

Nous sommes tous victimes de victimes ; nos parents ne pouvaient nous enseigner ce qu'ils ignoraient. Si votre mère et votre père ne savaient pas s'aimer eux-mêmes, comment leur aurait-il été possible de vous apprendre à vous aimer ? Ils ont fait de leur mieux avec ce qu'ils avaient appris dans leur enfance. Si vous désirez mieux comprendre vos parents, amenez-les à parler de leur enfance ; si vous les écoutez avec compassion, vous comprendrez d'où viennent leurs peurs et leurs blocages. Ces êtres qui « ont tant fait pour vous » étaient aussi angoissés que vous l'êtes.

Je suis persuadée que nous choisissons nos parents

Chacun d'entre nous décide de s'incarner sur cette planète à un moment et en un lieu précis. Nous avons choisi de venir ici pour poursuivre notre évolution spirituelle. Nous choisissons notre sexe, la couleur de notre peau, notre pays ; puis les parents qui correspondent à la structure sur laquelle nous allons « travailler » dans cette vie. Ensuite, nous les accusons pour la plupart, leur reprochant de « nous avoir fait cela ». En réalité, nous les avons choisis car ils conviennent parfaitement à notre travail d'évolution.

C'est enfants que nous formons nos systèmes de

croyance ; puis nous progressons dans la vie en créant des expériences correspondant à nos croyances. Vous n'avez qu'à jeter un regard sur votre passé pour constater combien de fois la même expérience s'est répétée. A vrai dire, je pense que vous n'avez cessé de reproduire ces expériences parce qu'elles reflétaient l'une de vos croyances sur vous-même.

Votre pouvoir se trouve toujours dans le moment présent

Tous les événements que vous avez vécus jusqu'à ce jour sont le résultat des pensées et croyances auxquelles vous vous êtes accroché par le passé. Ils furent créés par les pensées et mots que vous avez utilisés hier, la semaine dernière, il y a un mois, l'an dernier ou il y a 10, 20, 30 ou 40 ans, selon votre âge.

Cependant, cela est votre passé. Il est maintenant révolu. Ce qui importe aujourd'hui, c'est ce que vous avez choisi de penser, de croire et de dire maintenant. Car ces pensées et ces mots créeront votre avenir. Votre pouvoir réside dans le moment présent et forme les expériences que vous vivrez demain, dans une semaine, un mois, une année, etc.

Peut-être êtes-vous conscient de votre pensée en cet instant précis. Est-elle négative ou positive ? Désirez-vous qu'elle crée votre avenir ? Soyez simplement à l'écoute de vous-même et conscient de votre pensée.

Nous avons toujours et uniquement à faire à des pensées, et les pensées peuvent être changées

Quel que soit le problème, nos expériences ne sont que les conséquences extérieures de nos pensées. Même la haine de soi n'est que la haine d'une pensée que l'on a à propos de soi. S'il existe en vous la pensée : «Je suis mauvais», elle engendre un sentiment qui vous habite. Si vous n'avez pas cette pensée, vous n'avez pas non plus le sentiment correspondant. Et les pensées peuvent être changées. Changez la pensée et le sentiment disparaît.

Cela nous montre seulement d'où nous tirons la majorité de nos croyances. Mais n'utilisons pas cette information comme excuse pour demeurer dans nos problèmes. Le passé n'a aucun pouvoir sur nous, peu importe à quand remontent nos pensées négatives. Le pouvoir existe dans le moment présent. N'est-ce pas merveilleux d'en prendre conscience ? Notre liberté peut commencer dès maintenant !

Aussi étonnant que cela paraisse, c'est nous qui choisissons nos pensées

Parfois une pensée nous obsède à tel point que nous n'avons pas l'impression de l'avoir choisie. Pourtant, à l'origine, nous l'avons choisie. Nous pouvons refuser certaines pensées. Combien de fois vous êtes-vous refusé une pensée positive ? Vous pouvez donc aussi refuser des pensées négatives.

Il me semble que toutes les personnes que je connais ou avec qui j'ai travaillé souffrent d'un certain degré de culpabilité ou d'un manque d'amour de soi. Plus nous nous détestons et plus nous nous sentons coupables, plus notre vie est difficile. Inversement, plus nous nous estimons et moins nous nous sentons coupables, plus notre vie s'améliore dans tous les domaines.

Le sentiment le plus profond qui habite tous ceux avec qui j'ai travaillé est : « Je ne suis pas assez bien ! »

Nous y ajoutons souvent : « Et je n'en fais pas assez », ou « Je suis indigne. » Cela vous ressemble-t-il ? Pensez-vous souvent que vous n'êtes pas assez bien ? Mais pour qui ? Et selon quels critères ?

Si ce sentiment est fortement ancré en vous, comment pouvez-vous créer une vie gaie, prospère, saine et pleine d'amour ? Votre croyance subconsciente majeure ne cesse d'y faire obstacle.

La rancune, la critique, la culpabilité et la crainte sont les principales causes de nos problèmes

Ces quatre sentiments engendrent nos grands problèmes physiques et existentiels. Au lieu d'accepter la responsabilité de nos expériences, nous la reportons sur les autres. Si nous nous sentions entièrement responsables de notre vie, nous ne reprocherions rien à personne. Tout ce qui nous arrive n'est que le miroir de notre pensée intérieure. Je ne cherche pas à excuser tous les actes des autres, mais ce sont NOS croyances qui attirent à nous des personnes malveillantes.

Si vous vous surprenez à penser « Tout le monde me critique, me laisse tomber, profite de moi, me trompe », il s'agit de VOTRE STRUCTURE MENTALE. Il y a en vous des pensées qui attirent des personnes avec ces comportements. Dès l'instant où vous cessez de penser ainsi, elles iront vers quelqu'un d'autre. Vous ne les attirerez plus.

Voici comment se manifestent sur le plan physique ces pensées négatives : la rancune trop longtemps contenue rongera votre corps et provoquera la maladie appelée cancer. L'habitude de critiquer cause souvent de l'arthrite. La culpabilité provoque toujours une recherche de la punition qui, elle, crée des douleurs. (Lorsqu'un client vient me trouver en se plaignant de douleurs multiples, je sais qu'elles sont le signe d'une profonde culpabilité.) La crainte et la tension qu'elle produit peut donner naissance à des affections telles que calvitie, ulcères ou même douleurs aux pieds.

J'ai remarqué que le fait de pardonner et de se lib

rer de sa rancune peut même arrêter un cancer. Cela peut sembler simpliste, mais je l'ai constaté.

Nous pouvons changer notre attitude envers le passé

Le passé est terminé. Nous ne pouvons plus le changer. Cependant nous pouvons changer nos pensées à son égard. N'est-il pas ridicule de NOUS PUNIR aujourd'hui parce qu'autrefois quelqu'un nous a blessés ?

Je dis souvent à ceux qui gardent une profonde rancœur : « Débarrassez-vous immédiatement de votre rancœur, c'est encore relativement facile. N'attendez pas d'être sous la menace du bistouri du chirurgien ou sur votre lit de mort, car là vous serez peut-être aussi aux prises avec la panique. »

Si nous choisissons d'être des victimes impuissantes dans un monde sans espoir, l'Univers nous confirmera dans cette croyance, ce qui entraînera notre perte. Il est vital que nous nous débarrassions de ces pensées stupides, démodées et négatives, car elles nous détruisent. Même notre conception de Dieu doit être celle d'un dieu qui est pour nous et non contre nous.

Pour nous défaire du passé, nous devons avoir le désir de pardonner

Nous devons choisir d'oublier le passé et de pardonner à chacun, y compris nous-mêmes. Il est possible que nous ne désirions ou ne sachions pas pardonner ; mais le simple fait de dire que nous y sommes disposés déclenche le processus de guérison. Il est impératif que, pour notre propre guérison, nous nous débarrassions du passé et pardonnions à tous ceux qui nous ont fait du mal.

« Je te pardonne de ne pas avoir été comme je le voulais. Je te pardonne et je te rends ta liberté. »

Cette affirmation nous libère.

Toutes les maladies ont pour cause le refus de pardonner

Chaque fois que nous sommes malades, nous devons sonder notre cœur pour voir à qui nous devons accorder notre pardon.

Il est dit dans le *cours sur les miracles* que « Toutes les maladies proviennent du refus de pardonner » et que « Chaque fois que nous tombons malades, nous devons chercher autour de nous la personne que nous devons pardonner. »

J'ajouterai encore que la personne à laquelle il vous est le plus difficile de pardonner est celle à qui VOUS DEVEZ LE PLUS RENDRE SA LIBERTÉ. Le pardon signifie laisser aller autrui, lâcher la prise que l'on a sur lui

Cela n'a rien à voir avec un comportement laxiste ; c'est simplement laisser les choses suivre leur cours. Il n'est pas nécessaire de savoir COMMENT pardonner, il suffit de le désirer. L'Univers se chargera du reste.

Nous comprenons si bien notre propre douleur. En revanche, il nous est beaucoup plus difficile de comprendre que LES AUTRES, à qui nous devons accorder notre pardon, souffrent aussi. Nous devons nous rendre compte qu'ils ont fait de leur mieux avec le niveau de conscience qui était le leur.

Quand quelqu'un vient me voir pour un problème, je n'attache pas d'importance à sa nature — mauvaise santé, manque d'argent, relations frustrantes ou créativité bloquée. Je ne travaille que sur une chose : L'AMOUR DE SOI.

J'ai constaté que si nous nous aimons et si nous nous acceptons tels que nous sommes, les problèmes disparaissent. Un peu comme si de petits miracles se réalisaient partout. Notre santé s'améliore, nos problèmes d'argent s'arrangent, nos relations s'enrichissent et notre créativité parvient à mieux s'exprimer. Tous ces phénomènes se déclenchent sans le moindre effort apparent.

L'amour et l'acceptation de votre personnalité vous donneront un sentiment de sécurité et de confiance qui apaisera votre mental. Il vous sera ainsi plus facile de trouver un travail à votre goût, vos relations s'amélioreront et vos problèmes de poids (si vous en avez) disparaîtront. Les gens qui aiment leur corps et leur esprit ne nuisent jamais aux autres ni à eux-mêmes.

L'acceptation de soi est la clé principale de tous les changements positifs.

Je pense que l'amour de soi commence lorsqu'on cesse de se critiquer. La critique nous enferme précisément dans la structure mentale que nous essayons de changer. La tolérance et la gentillesse envers nous-mêmes nous aident à en sortir. Souvenez-vous, vous vous critiquez depuis des années et des années et il n'en est rien sorti. Essayez donc de vous approuver et voyez ce qu'il se passe.

*L'Univers infini dans lequel
je me trouve est complet et parfait.
Je crois en une puissance qui m'est infiniment
supérieure,
qui m'habite à chaque instant du jour.
Je m'ouvre à la sagesse intérieure,
sachant qu'il n'existe qu'Une Intelligence
dans cet Univers.
De cette Intelligence émanent
toutes les réponses, toutes les solutions,
toutes les guérisons et toutes
les nouvelles créations.
J'ai confiance en cette Puissance et Intelligence,
car je sais que tout ce que je dois connaître
me sera révélé
et que tout ce dont j'aurai besoin
me sera donné en temps et lieux voulus.
Tout est bien dans le monde qui est le mien.*

DEUXIÈME PARTIE

Une session avec Louise

CHAPITRE DEUX

Quel est le problème ?

« L'introspection est une démarche sûre. »

Mon corps fonctionne mal

J'ai des douleurs, des saignements, des déchirures, des sueurs, des brûlures, des ballonnements ; je me rouille, je vieillis, je vois mal, j'entends mal, etc. Cela et tout ce que vous avez encore créé pour vous, je crois avoir tout entendu.

Mes relations sont insatisfaisantes

Les gens sont étouffants, absents, exigeants ; ils ne m'aiment pas, ne m'aident pas, me critiquent sans cesse, ne me laissent jamais tranquille, me provoquent, ne veulent pas s'encombrer de moi, profitent de moi, ne m'écoutent jamais, etc. Cela et tout ce que vous avez encore créé pour vous, je l'ai entendu aussi.

J'ai des problèmes d'argent

Je dispose de sommes insignifiantes, je n'ai jamais assez d'argent, il me glisse entre les doigts, mes factures s'accumulent, etc. Cela et tout ce que vous avez encore créé pour vous, je l'ai entendu aussi.

Ma vie est un échec

Je ne fais jamais ce que je voudrais. Je ne sais pas faire plaisir. Je ne sais pas ce que je veux faire. Je n'ai jamais assez de temps. Personne ne prend en considération mes désirs ni mes besoins. Je n'agis que pour plaire aux autres. Je me laisse « marcher dessus ». Personne ne se préoccupe de moi. Je n'ai pas de talent. Je ne réussis jamais rien. Je repousse toujours mes obligations. Rien ne marche pour moi, etc. Cela et tout ce que vous avez encore créé pour vous, j'ai tout entendu.

Chaque fois que je questionne de nouveaux clients sur leur vie, je reçois une ou plusieurs des réponses ci-dessus. Ils pensent connaître leur problème. Mais je sais que leurs plaintes ne sont que les conséquences extérieures de leurs pensées. Sous ces pensées se trouve une structure mentale encore plus profondément enfouie, plus fondamentale, qui est à la source de tous ces effets extérieurs.

Je note les mots qu'ils utilisent pour répondre à mes questions de base :

Que se passe-t-il dans votre vie ?

Comment vous portez-vous ?
Comment gagnez-vous votre vie ?
Aimez-vous votre travail ?
Quelle est votre situation financière ?
Comment va votre vie affective ?
Comment s'est terminée votre dernière relation amoureuse ?
Et la précédente ?
Parlez-moi brièvement de votre enfance.

J'observe leurs postures et leurs expressions. Et je porte surtout mon attention sur les mots qu'ils utilisent. Les pensées et les mots créent notre avenir. En les écoutant, je sais déjà pourquoi ils ont tel ou tel problème. Les mots que nous utilisons sont révélateurs de nos pensées. Parfois, ils ne correspondent pas aux expériences décrites : soit la personne n'est pas en contact avec sa réalité, soit elle me ment. Mais dans les deux cas, nous avons un point de départ, une base pour commencer notre travail.

EXERCICE : JE DEVRAIS

Ensuite, je leur donne un stylo et du papier et leur demande d'écrire en haut de la page :

JE DEVRAIS

....
....
....
....
....

Ils sont invités à compléter cette phrase de cinq ou six manières différentes. Certains ont de la peine à commencer ; en revanche, d'autres ont tant de choses à écrire qu'il leur est difficile de s'arrêter.

Puis je leur demande de me lire ce qu'ils ont écrit en commençant chaque phrase par « Je devrais… ». A la fin de chacune, je leur demande « Pourquoi ? »

Leurs réponses sont toujours intéressantes et révélatrices comme, par exemple :

> Ma mère dit que je le devrais.
> Parce que j'ai peur si je ne le fais pas.
> Parce que je dois être parfait.
> Eh bien, parce que tout le monde agit ainsi.
> Parce que je suis trop paresseux, trop petit,
> trop grand, trop gros, trop maigre, trop bête,
> trop laid, trop indigne.

Ces réponses m'indiquent où ils sont bloqués par leurs croyances et ce qu'ils estiment être leurs limites.

Je ne commente pas leurs réponses. Quand ils ont terminé leur énumération, je leur parle du mot DEVRAIS.

Je suis persuadé que c'est l'un des mots les plus pernicieux de notre langage. Chaque fois que nous l'utilisons, nous impliquons en fait la notion de « tort ». Soit nous *avons* tort, soit nous *avons eu* tort, soit nous *allons avoir* tort. Je pense que nous pouvons nous passer de ce sentiment. Nous avons besoin d'une plus grande liberté de choix. Parfois j'aimerais supprimer le mot *devrais* pour toujours. Je le remplacerais par *pourrais*, qui nous offre un choix et ne nous met jamais en faute.

Je leur demande ensuite de relire leur liste, phrase après phrase, mais en commençant cette fois par « Si vraiment je voulais, je pourrais… ». C'est un tout autre éclairage sur le sujet.

Pendant qu'ils relisent, je leur demande gentiment : « Mais pourquoi ne l'avez-vous pas fait ? » Maintenant, les réponses sont différentes :

> Je ne veux pas.
> J'ai peur.
> Je ne sais pas comment.
> Parce que je ne suis pas assez bon.
> Etc.

Nous découvrons souvent qu'ils se sont harcelés pendant des années pour quelque chose qu'ils n'ont en fait jamais voulu. Ou alors ils se sont critiqués pour n'avoir pas fait quelque chose qui n'était même pas leur idée au départ. Souvent, on leur avait dit de le faire. Lorsqu'ils en prennent conscience, il leur est facile de rayer la chose en question de la liste « Je devrais ». Quel soulagement !

Il n'y a qu'à regarder tous ceux qui se contraignent pendant des années à pratiquer un métier sans l'aimer, simplement parce que leurs parents leur ont dit de devenir dentiste ou professeur. Ne nous sommes-nous pas souvent sentis infériorisés en entendant dire que nous devrions être plus riches, plus intelligents ou plus créatifs, comme telle ou telle personne de notre famille ?

Que pourriez-vous supprimer avec soulagement de votre liste « Je devrais » ?

En arrivant au bas de cette petite liste, mes clients commencent à regarder leur vie sous un autre angle. Ils remarquent que beaucoup de choses ne leur ont jamais tenu à cœur ; qu'en réalité, ils ne cherchaient qu'à plaire à d'autres. Il arrive aussi très souvent qu'ils éprouvent de la crainte ou qu'ils ne se sentent pas à la hauteur.

Le problème se présente maintenant sous un autre

aspect. J'ai déclenché en eux le processus qui leur permet de se défaire de leur sentiment de culpabilité, dû à l'impression de ne pas répondre aux attentes des autres.

Puis je leur explique *ma philosophie de la vie* comme je l'ai fait dans le premier chapitre. Je crois que la vie est très simple. Ce que nous donnons nous est rendu. L'Univers nous confirme dans tout ce que nous choisissons de penser et de croire. Quand nous sommes enfants, nous apprenons à nous connaître et à connaître la vie par les réactions des adultes qui nous entourent. Quelles que soient ces croyances, elles se recréeront ultérieurement sous la forme de nos expériences. Cependant, il ne s'agit que de structures de pensée et *le pouvoir réside toujours dans l'instant présent*. Les changements peuvent s'opérer dès maintenant.

L'amour de soi

Je continue en expliquant à mes patients que, quel que soit le problème, je travaille toujours sur la même chose avec tout le monde, *l'amour de soi*. L'amour est le remède miracle. Notre amour de nous-mêmes fait des miracles dans notre vie.

Je ne parle pas de vanité, ni d'arrogance, qui ne sont pas de l'amour, mais seulement de la peur. J'entends ici le respect que l'on a pour soi-même, et la reconnaissance que nous inspire le miracle d'avoir un corps et un esprit.

Pour moi l'«amour» est ce sentiment d'appréciation qui nous remplit d'une joie débordante. L'amour peut se porter sur tout. Je peux ressentir de l'amour pour :

> La vie en elle-même.
> La joie d'être en vie.
> Ce que je vois de beau.
> Une autre personne.
> La connaissance.
> Les mécanismes de la pensée.
> Notre corps et son fonctionnement.
> Les animaux, les oiseaux, les poissons.
> Le règne végétal.
> L'Univers et la manière dont il est organisé.

Qu'auriez-vous à ajouter à cette liste ?

Voyons maintenant certaines de nos manières de ne pas nous aimer :

> Nous nous réprimandons et critiquons sans cesse.
> Nous maltraitons notre corps par une nourriture inadéquate, de l'alcool, des médicaments.
> Nous choisissons de penser que nous ne sommes pas dignes d'être aimés.
> Nous n'osons pas faire payer nos services au juste prix.
> Nous engendrons maladies et douleurs dans notre corps.
> Nous négligeons ce qui pourrait nous être bénéfique.
> Nous vivons dans le chaos et le désordre.
> Nous nous couvrons de dettes et de charges.
> Nous attirons des personnes qui nous dévalorisent.

Dans lesquels de ces points vous reconnaissez-vous ?

Le fait de refuser ce qui est bien pour nous signifie que nous ne nous aimons pas. Je me souviens d'une de mes clientes qui avait des problèmes de vue. Un jour, je l'ai débarrassée d'une crainte qui datait de son enfance. Le jour suivant, elle constata qu'elle ne supportait plus ses lentilles de contact ; en regardant autour d'elle, elle s'aperçut qu'elle avait retrouvé une vue parfaite.

Pourtant, durant toute la journée, elle se répéta : « Je n'y crois pas, je n'y crois pas. » Le lendemain, elle dut remettre ses lentilles. Notre inconscient n'a pas le sens de l'humour. Elle n'arrivait pas à croire qu'elle s'était créé une vue parfaite.

Le fait de se *sous-estimer* est une autre manifestation du manque d'amour de soi.

Tom était un artiste doué et de riches clients lui demandaient de décorer leur maison. Pourtant, les prix qu'il leur demandait ne couvraient jamais le temps et l'énergie qu'il passait à travailler pour eux. Ceux qui proposent un service ou créent un produit unique ont le droit de fixer leur prix à leur guise. Les riches aiment payer cher, cela valorise ce qu'ils achètent. Voici d'autres exemples :

> Notre partenaire est fatigué et grincheux. Nous nous demandons quelle faute *nous* avons commise.
>
> Il nous invite dehors une ou deux fois, puis ne nous rappelle plus. Nous nous demandons ce que nous lui avons fait.
>
> Notre mariage est un échec ; nous en déduisons que nous ne valons rien.
>
> Nous n'osons pas demander une augmentation de salaire.
>
> Notre corps ne correspond pas aux photos montrées dans les magazines ; nous en faisons un complexe.
>
> Un contrat nous échappe et nous sommes sûrs que nous ne sommes pas à la hauteur.
>
> L'intimité nous effraie et nous choisissons donc une sexualité sans vraie relation de personne à personne.
>
> Nous sommes incapables de prendre des décisions car nous sommes persuadés qu'elles seront mauvaises.

Et *vous*, de quelle manière vous sous-estimez-vous ?

Les bébés sont parfaits

Vous étiez parfait quand vous étiez bébé. Les bébés n'ont rien à faire pour devenir parfaits ; ils le sont déjà et ils se comportent comme s'ils le savaient. Ils savent qu'ils sont le centre de l'Univers. Ils ne craignent pas de demander ce qu'ils veulent. Ils expriment leurs émotions librement. Quand un bébé est fâché, vous ne pouvez l'ignorer ; vos voisins non plus ! Vous savez aussi quand ils sont heureux car leur sourire illumine toute la pièce. Ils sont pleins d'amour.

Les nourrissons meurent s'ils ne reçoivent pas d'amour. En grandissant, nous apprenons à vivre sans amour, ce que les bébés ne sauraient supporter. Les bébés aiment aussi chaque partie de leur corps, même leurs excréments. Ils possèdent un courage incroyable.

Vous étiez ainsi. Nous étions tous ainsi. Puis nous avons commencé à écouter les adultes autour de nous, qui avaient appris à craindre et nous avons peu à peu nié notre magnificence.

Je ne crois jamais mes clients lorsqu'ils essaient de me convaincre qu'ils sont abominables ou indignes d'être aimés. Mon travail consiste à les faire remonter jusqu'au temps où ils savaient s'aimer.

EXERCICE : MIROIR

Pour l'exercice suivant, je demande à la personne de prendre un miroir, de se regarder dans les yeux et de dire son nom suivi de : « Je t'aime et t'accepte exactement tel que tu es. »

Cet exercice est *très* difficile pour la plupart des gens. Il est rare qu'ils s'y soumettent calmement, encore plus avec plaisir. Certains pleurent ou sont au bord des larmes ; d'autres se fâchent, d'autres minimisent leurs qualités, et certains soutiennent même qu'ils NE PEUVENT le faire. Un homme a été jusqu'à jeter le miroir à travers la pièce et à vouloir s'en aller. Il lui a fallu plusieurs mois rien que pour commencer à établir une relation avec lui-même dans le miroir.

Pendant des années, je n'ai regardé un miroir que pour critiquer ce que j'y voyais. Je souris en repensant aux heures que j'ai passées à m'épiler les sourcils pour me rendre un minimum présentable. Je me rappelle que j'avais peur de me regarder dans les yeux.

Ce simple exercice est très révélateur. En moins d'une heure, il me permet de détecter les nœuds profonds du problème extérieur. Si nous nous bornons à travailler au niveau de ce problème extérieur, nous perdons notre temps sur des détails. Et dès que nous croyons l'avoir réglé, il refait surface ailleurs.

«Le Problème» est rarement le véritable problème

Elle se souciait terriblement de son aspect, et surtout de ses dents. Elle courait de dentiste en dentiste, pour un résultat qui lui semblait toujours pire. Elle se fit refaire le nez ; et ce ne fut pas une réussite. Chaque praticien lui renvoyait comme un miroir sa conviction d'être laide. Son problème n'était pas son aspect mais résidait dans le fait qu'elle en était mécontente.

Une autre femme souffrait d'une haleine fétide qui tenait son entourage à distance. Elle étudiait la théologie et affichait l'attitude d'une personne pieuse, toute spirituelle. Mais sous cette apparence couvaient une colère et une jalousie qui explosaient chaque fois qu'elle se sentait menacée par quelqu'un. Son haleine exprimait ses pensées intérieures et elle était agressive même quand elle jouait la gentillesse. A vrai dire, personne ne la menaçait, sinon elle.

Il n'avait que quinze ans quand sa mère l'amena chez moi ; il souffrait de la maladie de Hodgkin et n'avait plus que trois mois à vivre. Sa mère était hystérique, ce qui peut se comprendre, mais rendait difficiles les rapports avec elle. En revanche, le garçon était intelligent et il voulait vivre. Il accomplissait de bon gré tout ce que je lui demandais, même s'agissant de changer sa manière de penser et de parler. Ses parents étant séparés et se disputant sans cesse, il avait une existence instable.

Il voulait à tout prix devenir acteur. Sa course à la célébrité et à la fortune étouffait sa capacité de bonheur. Il lui fallait la gloire pour s'accepter et se juger valable. Je lui ai enseigné à s'aimer et à s'accepter ; il alla beaucoup mieux. Il est maintenant adulte et se produit régulièrement à Broadway. En apprenant la joie d'être lui-même, il trouve de plus en plus de rôles.

L'embonpoint est un autre bon exemple de la façon dont nous pouvons perdre beaucoup d'énergie à essayer de résoudre un faux problème. Les gens se battent souvent pendant des années pour maigrir, en vain. Ils attribuent tous leurs problèmes à leur excès de poids. En fait, celui-ci n'est que la manifestation extérieure d'un problème bien plus profond. Selon moi, il s'agit toujours de la peur et d'un besoin de protection. Si nous vivons dans la crainte de l'insécurité, ou que nous ne nous trouvons pas à la hauteur, nous aurons tendance à prendre des kilos superflus comme protection.

Nous passerons notre temps à nous reprocher notre poids, à nous culpabiliser à chaque bouchée, en pure perte. Vingt ans plus tard, nous serons probablement dans la même situation car nous n'aurons pas attaqué le vrai problème. Nous n'aurons réussi qu'à renforcer nos sentiments de peur et d'insécurité, qui nous poussent à prendre du poids pour nous protéger.

C'est pourquoi je refuse d'axer mon traitement sur les kilos superflus ou les régimes. Les régimes sont inefficaces. Le seul qui donne des résultats est un régime mental qui consiste à supprimer les pensées négatives. Je dis à mes clients : « Laissons ce problème de côté et abordons d'autres choses pour commencer. »

Souvent, ils me disent ne pas pouvoir s'aimer car ils sont trop gros. Je leur explique qu'ils sont gros parce qu'ils ne s'aiment pas. Dès que nous commençons à nous aimer et à nous estimer, les kilos s'envolent comme par enchantement.

Certains clients vont jusqu'à se fâcher quand je leur explique combien il est facile de changer sa vie. Ils ont l'impression que je ne comprends pas leur problème. Une dame s'est énervée et m'a dit : « Je suis venue chercher de l'aide pour ma dissertation, pas pour apprendre à m'aimer. » Il m'était évident que son principal problème était de se détester, ce qui retentissait sur toute sa vie, y compris sa dissertation. Elle ne pouvait rien réussir tant qu'elle se dénigrait à ce point.

Elle ne voulut pas m'entendre et sortit en larmes, mais revint une année plus tard avec le même problème et bien d'autres encore. Certaines personnes ne sont pas prêtes ; il n'y a pas à les juger. Tous, nous

nous ouvrons à nos changements quand et où il nous convient. En ce qui me concerne, j'ai dû attendre la quarantaine pour changer.

Le véritable problème

Voici donc un client qui vient de se regarder dans le petit miroir inoffensif ; il est tout bouleversé. Je souris, ravie, et lui dis : « Bien, maintenant nous allons aborder le vrai problème ; maintenant nous pouvons voir ce qui fait obstacle. » Je continue à parler de l'amour de soi en insistant sur l'importance de ne jamais se critiquer ni se dévaloriser en aucune circonstance.

J'observe la réaction des gens quand je leur demande s'ils se critiquent. Ainsi j'apprends beaucoup :

Mais évidemment, je me critique.
Tout le temps.
Moins qu'auparavant.
Comment pourrais-je changer si je ne me critiquais pas ?
Tout le monde n'en fait-il pas autant ?

A la dernière question, je rétorque : « Il ne s'agit pas de tout le monde, mais de vous. Pourquoi vous critiquez-vous ? Qu'est-ce qui ne va pas chez vous ? »

Je rédige une liste tout en les écoutant. Ce qu'ils disent coïncide souvent avec leur liste de « Je devrais ». Ils se sentent trop grands, trop petits, trop gros, trop maigres, trop bêtes, trop vieux, trop jeunes, trop laids (même les plus beaux). Ou ils sont trop en retard, trop en avance, trop paresseux, et ainsi de suite. « Trop » est leur leitmotiv. Finalement, en touchant le fond du problème, ils diront : « Je ne suis pas assez bien. »

Hourra ! Nous avons enfin découvert le nœud du problème. Ils se critiquent parce qu'ils ont appris à croire qu'ils « ne sont pas assez bien ». Ces clients sont toujours étonnés de la rapidité avec laquelle nous arrivons à cette déduction. Maintenant nous pouvons laisser de côté les effets secondaires comme les problèmes corporels, relationnels, financiers ou le manque de créativité. Nous pouvons investir toute notre énergie dans l'élimination de la cause première : *« LE MANQUE D'AMOUR DE SOI ! »*

L'Univers infini dans lequel je me trouve
est complet et parfait.
Je suis toujours guidé et protégé
par une force divine.
Je peux regarder en moi en toute sécurité.
Je peux regarder mon passé en toute sécurité.
Je peux élargir ma vision de la vie en toute sécurité.
Je suis beaucoup plus que
ma personnalité — présente, passée ou à venir.
Je choisis maintenant de dépasser
mes problèmes personnels
afin de reconnaître la magnificence de mon être.
Je suis totalement désireux de m'aimer.
Tout est bien dans le monde qui est le mien.

CHAPITRE TROIS

D'où vient
ce problème?

« Le passé n'a pas de prise sur moi. »

Arrivés à ce point, nous avons considéré un certain nombre d'éléments qui nous ont permis de nous débarrasser de ce que nous *croyions* être le problème. Maintenant, nous nous trouvons face à ce qui me semble être le véritable problème. Nous pensons que nous *ne valons rien* et nous ne nous *aimons pas* ; s'il y a un problème, c'est à cause de cette croyance. D'où vient-elle ?

Comment sommes-nous passés de l'état de bébé qui connaît sa perfection et celle de la vie, à celui d'une personne rongée de problèmes et qui se considère comme méprisable et indigne d'amour ? Les gens qui s'aiment déjà peuvent s'aimer encore plus.

Imaginez une rose encore en bouton. Elle va éclore et demeurer parfaitement belle tout au long des modifications qu'elle subira, jusqu'à la chute de son dernier pétale. Il en va de même pour nous. Nous sommes toujours parfaits, toujours magnifiques, et toujours changeants. Nous faisons de notre mieux avec la connaissance et la conscience qui sont les nôtres. Mais en les élargissant, nous modifierons notre manière d'agir.

Le nettoyage mental

Il nous faut maintenant sonder davantage notre passé afin de voir les croyances qui nous ont guidés.

Certaines personnes trouvent pénible cet aspect du processus, alors qu'il ne l'est pas nécessairement. Nous devons simplement repérer ce dont nous allons nous débarrasser.

Lorsque vous voulez nettoyer une chambre à fond, vous passez en revue tout ce qu'elle contient. Vous époussetez ou faites briller certains objets pour leur donner une nouvelle beauté, tandis que vous en mettez d'autres de côté, car ils ont besoin d'une réparation. Il y a aussi certaines choses dont vous n'avez plus besoin et le moment est venu de vous en débarrasser. C'est donc très calmement que vous jetez vos vieux journaux et magazines. Il n'est pas nécessaire de s'énerver pour nettoyer une chambre.

Notre nettoyage mental doit s'opérer de la même manière. A quoi bon nous énerver lorsque nous devons nous défaire de certaines de nos croyances ? Débarrassez-vous-en aussi facilement que si vous jetiez des déchets à la poubelle. Iriez-vous fouiller dans les détritus d'hier pour préparer votre repas d'aujourd'hui ? Utilisez-vous votre vieux bric-à-brac *mental* pour créer vos expériences à venir ?

Si une croyance ou une pensée ne vous est d'aucune utilité, débarrassez-vous-en ! Il n'existe aucune loi stipulant que vous deviez continuer à croire ce que vous croyiez autrefois.

Regardons maintenant quelques croyances limitatives que l'on m'a exprimées et voyons d'où elles proviennent.

PENSÉE LIMITATIVE : « Je ne vaux rien. »

PROVENANCE : Un père qui n'a cessé de répéter à cet homme qu'il était stupide.

Il disait vouloir réussir dans la vie afin que son père soit fier de lui. Mais, harcelé par la culpabilité qui l'emplissait de rancune, il allait d'échec en échec. Son père finançait tous ses projets, qui tournaient court les uns après les autres. En fait, il se vengeait au moyen de ses échecs. Il faisait payer et repayer son père, mais c'était *lui* le vrai perdant.

PENSÉE LIMITATIVE : Absence d'amour pour soi.

PROVENANCE : Le besoin de cette femme de gagner l'approbation de son père.

Elle ne voulait en aucun cas ressembler à son père. Ils n'étaient jamais d'accord et se disputaient sans cesse. En fait, elle recherchait son approbation à tout prix, mais ne recevait que des critiques. Elle souffrait partout dans son corps. Son père présentait les mêmes douleurs. Elle ne se rendait pas compte que sa colère créait ses douleurs, exactement comme son père créait les siennes par sa propre colère.

PENSÉE LIMITATIVE : « La vie n'est que dangers. »

PROVENANCE : Un père craintif.

Cette cliente-là trouvait la vie dure et menaçante. Elle riait très peu et, si elle s'y risquait, elle craignait qu'un malheur n'arrive. On lui avait répété au long de son enfance : « Ne ris pas car *"ils"* pourraient te le faire regretter. »

PENSÉE LIMITATIVE : «Je ne vaux rien.»

PROVENANCE : Cet homme avait été abandonné et ignoré.

Il ne parlait pas volontiers, il s'était réfugié dans le silence. Il venait d'en finir avec les drogues et l'alcool, il était convaincu d'être foncièrement mauvais. J'appris que sa mère était morte quand il était très jeune et qu'il avait été élevé par une tante. Cette dernière ne lui parlait que pour lui donner des ordres ; sa jeunesse fut marquée par le silence. Il mangeait seul, passait ses journées en solitaire dans sa chambre. Il eut une aventure avec un homme aussi silencieux que lui ; leur relation était caractérisée par le silence. Il se retrouva seul quand cet homme mourut.

EXERCICE : MESSAGES NÉGATIFS

L'exercice suivant consiste à noter sur une feuille tous les défauts que vos parents vous reprochaient. Quels messages négatifs entendiez-vous ? Essayez de vous en rappeler le plus grand nombre. Une demi-heure devrait suffire. Que disaient-ils à propos de l'argent ? Que disaient-ils de votre corps ? Que disaient-ils de l'amour et des relations humaines ? Que disaient-ils de votre créativité ? Quels propos négatifs ou limitatifs vous tenaient-ils ?

Si vous y parvenez, posez sur toutes ces questions un regard objectif en vous disant : «*Voilà donc l'origine de mes pensées négatives.*»

Prenons maintenant une autre feuille et approfondissons. Quels autres messages négatifs avez-vous entendus dans votre enfance ?

De votre parenté ....

De vos maîtres d'école ....

De vos amis ....

Des représentants de l'autorité ....

De votre Église ....

Écrivez-les tous en prenant votre temps.

Prenez conscience des sentiments qu'ils éveillent en vous.

Sur ces deux feuilles se trouvent les pensées dont il vous faut débarrasser votre conscience, car elles vous amènent à croire que vous «ne valez rien».

L'enfant que vous étiez

Si nous placions au milieu de la pièce un enfant de trois ans et que nous commencions à le gronder, à lui dire qu'il est stupide, qu'il ne fait rien de bien, qu'il devrait faire ceci, mais pas cela, et qu'il devrait avoir honte de son désordre; si nous le frappions en plus, nous obtiendrions un enfant affolé, qui réagirait soit par la résignation docile, soit par la rage. Il évoluerait dans l'une ou l'autre de ces voies, mais nous ne connaîtrions jamais son potentiel.

Si nous disions au même enfant que nous l'aimons, qu'il compte infiniment pour nous, que nous le trouvons beau, intelligent, que nous apprécions ce qu'il fait, que ses erreurs lui servent de leçons, et que nous sommes toujours là pour le soutenir, il nous révélera un potentiel qui nous stupéfiera !

Chacun de nous porte en lui cet enfant de trois ans et il est la cible de nos réprimandes. Devons-nous donc nous étonner de vivre si mal ?

Si vous aviez un ami qui vous critique sans cesse,

rechercheriez-vous sa compagnie ? Il est malheureusement possible que l'on vous ait traité ainsi dans votre enfance. Mais le passé est le passé. Si vous choisissez maintenant de continuer à vous traiter de la même manière, c'est encore plus triste.

Nous détenons à présent la liste des messages négatifs que nous avons reçus dans notre enfance. En quoi cette liste correspond-elle aux défauts que *vous* vous attribuez maintenant ? Sont-ils presque tous les mêmes ? Oui, vraisemblablement.

Nous posons les bases de notre vie selon les premiers messages que nous avons reçus. Nous sommes tous de gentils petits enfants obéissants, acceptant ce qu'« *ils* » nous disent être la réalité. En vouloir à nos parents, et nous considérer comme des victimes pour le reste de notre vie, constitue la voie de la facilité. Mais ce n'est pas très drôle et ne nous permet pas d'évoluer.

Accuser votre famille

Pour perpétuer un problème, rien de plus sûr que le reproche. Porter la faute sur les autres revient à nier son propre pouvoir, alors que la prise de conscience permet de dépasser le problème et de contrôler l'avenir.

Le passé ne peut être modifié. En revanche, l'avenir prendra la forme de nos pensées actuelles. Pour notre liberté, il est impératif que nous comprenions que nos parents ont fait leur possible avec le niveau de conscience et de connaissance dont ils disposaient. Chaque fois que nous blâmons quelqu'un d'autre, nous refusons la responsabilité qui nous incombe.

Toutes ces personnes qui nous ont fait tant de mal étaient aussi affolées et désorientées que vous l'êtes. Elles se sentaient tout aussi impuissantes. Elles ne pouvaient vous enseigner que ce qu'elles avaient appris.

Que savez-vous de l'enfance de vos parents, notamment de leurs dix premières années ? Essayez de vous renseigner, si cela est encore possible. Au cas où vous y parviendriez, vous comprendrez mieux leurs actions. Cette compréhension amènera votre compassion.

S'il ne vous est pas possible d'obtenir ces renseignements, essayez d'imaginer ce qu'ils ont vécu, quel genre d'enfance est susceptible de donner des adultes comme eux.

Vous avez besoin de cette connaissance pour votre propre liberté. Vous ne serez pas libre tant que vous ne les aurez pas libérés. Vous ne pourrez pas vous pardonner tant que vous ne leur aurez pas pardonné. Si vous exigez d'eux la perfection, vous l'exigerez aussi de vous ; vous serez malheureux toute votre vie.

Le choix de nos parents

Je suis d'accord avec la théorie selon laquelle nous choisissons nos parents. Les leçons que nous apprenons semblent correspondre parfaitement à leurs « faiblesses ».

Je nous crois tous en route pour un voyage sans fin à travers l'éternité. Nous nous incarnons sur cette planète pour y apprendre les leçons nécessaires à notre évolution spirituelle. Nous choisissons notre sexe, notre race, notre pays ; puis nous recherchons le couple qui correspondra à nos structures.

Notre passage sur cette planète ressemble un peu au chemin de l'écolier. Si vous voulez devenir mécanicien, vous suivrez une école de mécanique. Si vous désirez devenir esthéticienne, vous vous inscrirez dans une école d'esthéticiennes. Si vous aspirez à la carrière d'avocat, vous entrerez en faculté de droit. Les parents que vous avez choisis maintenant représentent les « experts » en ce que vous avez besoin d'apprendre.

En devenant adultes, nous avons tendance à les blâmer : « Vous m'avez fait cela ! » Mais je demeure persuadée que nous les avons choisis.

A l'écoute des autres

Enfants, nous considérions nos frères et sœurs aînés comme des dieux. S'ils étaient malheureux, ils nous en faisaient probablement supporter les conséquences dans les mots ou dans les actes. Ils nous ont peut-être dit :

« Je te dénoncerai… » (augmentant notre culpabilité).

« Tu n'es qu'un bébé, tu ne peux pas faire cela. »

« Tu es trop bête pour jouer avec nous. »

Nos professeurs exercent souvent aussi beaucoup d'influence. J'en ai eu un qui m'a dit que j'étais trop grande pour devenir danseuse. Je l'ai cru et ai abandonné cette ambition jusqu'à ce que je devienne trop âgée pour commencer une carrière.

Aviez-vous conscience que les tests et examens que

vous subissiez n'étaient destinés qu'à mesurer vos connaissances à un certain moment ? Ou pensiez-vous qu'ils mesuraient votre propre valeur ?

Nos premiers amis partagent avec nous les idées erronées qu'ils ont de la vie. Nos camarades de classe peuvent nous taquiner et nous blesser pour longtemps. Nous n'avons qu'à songer à certains surnoms qui sont parfois tellement humiliants.

Nous subissons aussi l'influence de nos voisins, non seulement à cause de leurs remarques, mais aussi parce qu'on nous dit : « Que vont penser les voisins ? »

Essayez de vous souvenir des autres personnes qui ont marqué votre enfance.

Et bien sûr, il y a la très forte influence de la publicité à la télévision ou dans les journaux. Songez simplement à toutes ces marques qui essaient de nous persuader que nous ne vaudrons rien tant que nous n'utiliserons pas leurs produits.

Nous sommes tous ici pour dépasser nos limites de départ, quelles qu'elles soient. Nous sommes ici pour reconnaître notre magnificence et le divin en nous, quoi qu'*ils* nous aient dit. Vous devez vaincre *vos* pensées négatives comme moi je dois vaincre *les miennes*.

*L'Univers infini dans lequel je me trouve
est complet et parfait.
Le passé n'a pas de prise sur moi
car je suis décidé à apprendre et à changer.
Je considère le passé comme nécessaire
à mon évolution.
Je suis décidé à commencer dès maintenant
mon nettoyage mental.
Peu importe par où je débute ;
c'est pourquoi je commencerai par
ce qui m'est le plus facile.
Ainsi je pourrai obtenir rapidement des résultats.
Cette aventure me passionne
car je sais qu'elle est unique.
Je suis décidé à gagner ma liberté.
Tout est bien dans le monde qui est le mien.*

CHAPITRE QUATRE

Est-ce vrai ?

« La vérité est ce qui en moi est immuable. »

Il y a deux réponses à la question « Est-ce vrai et bien réel ? » : « Oui » et « Non ». De vous dépendra la réponse, selon ce que vous voudrez croire. Le verre est à moitié plein ou à moitié vide ; tout dépend de votre point de vue. Nous pouvons choisir de croire des millions et des millions de pensées.

Pour la plupart, nous choisissons de penser comme nos parents, mais rien ne nous y oblige. Nulle loi ne nous contraint à ne penser que d'une seule manière.

Tout ce que je choisis de croire deviendra ma réalité. Tout ce que vous choisissez de croire deviendra votre réalité. Nos pensées peuvent être diamétralement opposées, tout comme notre vie et nos expériences.

Examinez vos pensées

Tout ce que nous croyons deviendra notre réalité. Si vous rencontrez soudainement des difficultés d'argent, c'est qu'à un certain niveau vous ne croyez pas mériter l'aisance financière, ou alors que vous croyez aux charges et aux dettes. Ou encore vous croyez que rien de bon ne dure jamais, que la vie cherche à vous avoir ou, comme je l'entends si souvent : « Je ne réussis jamais rien. »

Si vous avez du mal à nouer des relations, vous croyez sans doute : « Personne ne m'aime » ou « Je ne suis pas digne d'être aimé. » Peut-être craignez-vous d'être dominé comme c'était le cas pour votre mère ou peut-être pensez-vous : « Les gens me veulent toujours du mal. »

Si vous n'avez pas de santé, vous croyez probablement : « Nous ne sommes pas solides dans la famille. » Ou vous vous croyez victime du temps, ou alors vous pensez : « Je suis né pour souffrir » ou « Les problèmes se suivent sans répit. »

Votre croyance est peut-être encore différente. Vous n'en avez peut-être même pas conscience, ce qui est le cas pour la plupart des gens. Ils n'en voient que les effets extérieurs. Et tant que personne ne vous montrera la relation entre les éléments extérieurs et vos pensées intérieures, vous vivrez en victime.

PROBLÈME	CROYANCE
Problèmes financiers	Je ne suis pas digne d'avoir de l'argent.
Pas d'amis	Personne ne m'aime.

Problèmes professionnels	Je ne suis pas assez intelligent.
Vouloir toujours plaire aux autres	Je ne fais jamais ce que je veux.

Quel que soit le problème, il provient d'un schéma de pensée et *les schémas de pensées peuvent être changés !*

Si difficile que soit le problème avec lequel nous nous débattons, il n'est que le résultat extérieur ou l'effet d'un schéma intérieur de pensée.

Si vous ignorez quelles sont les pensées qui engendrent vos problèmes, vous avez frappé à la bonne porte, car le propos de ce livre est de vous aider à les trouver. Examinez les problèmes que vous rencontrez dans la vie. *Demandez-vous : « Quelles sont mes pensées qui en sont à la source ? »*

Si vous vous posez calmement la question, votre intelligence intérieure vous apportera la réponse.

Ce n'est qu'une croyance héritée de votre enfance

Certaines de nos croyances *sont* positives et constructives ; elles nous sont utiles tout au long de notre vie ; par exemple : « Regarde des deux côtés avant de traverser la route. »

D'autres pensées nous sont utiles au début, mais deviennent inappropriées par la suite. « Ne te fie pas aux personnes que tu ne connais pas » est un bon conseil pour un petit enfant ; mais, pour un adulte, perpétuer cette pensée ne peut qu'entraîner solitude et isolement.

Pourquoi nous demandons-nous si rarement : « Cela est-il bien vrai ? » Par exemple, pourquoi acceptons-nous des idées telles que : « J'ai de la peine à apprendre. » « Est-ce vrai pour moi maintenant ? » « D'où vient cette croyance ? » « Est-ce que je ne la traîne pas depuis qu'un maître d'école primaire m'en a rebattu les oreilles ? » « N'aurais-je pas intérêt à abandonner cette conviction ? »

Des principes tels que « Les garçons ne pleurent pas » ou « Les filles ne grimpent pas sur les arbres » font que les hommes cachent leurs sentiments et que les femmes craignent de nombreuses activités physiques.

Si, dans notre enfance, on nous a dit que le monde est plein de dangers, nous accepterons tout ce qui semble confirmer cette pensée. Avec la croyance opposée, nous pourrions facilement accepter que l'amour est partout, que les autres sont gentils et que je peux toujours trouver ce dont j'ai besoin.

Si l'on vous a appris à penser pendant votre enfance : « C'est toujours de ma faute », vous serez poursuivi par un sentiment de culpabilité en toutes circonstances. Votre pensée fera de vous quelqu'un qui dira constamment « Excusez-moi. »

Si vous avez appris, étant enfant : « Je ne compte pas », vous vous mettrez toujours en fin de liste. C'est pourquoi les gâteaux me passaient toujours sous le nez quand j'étais enfant. Vous irez peut-être jusqu'à vous sentir invisible si l'on ne fait pas attention à vous.

Les circonstances de votre enfance vous ont-elles poussé à croire « Personne ne m'aime » ? Dans l'affirmative, vous vivez probablement très seul ou vos relations ont tendance à ne pas durer.

A-t-on souvent répété dans votre famille «Il n'y en a pas assez»? Si oui, je suis persuadée que vous avez toujours l'impression d'être face à une armoire vide ou que vous disposez du strict minimum, ou que vous avez des dettes.

J'ai eu un client dont la famille avait pour principe que tout allait mal et ne pouvait qu'empirer. Le tennis était pour lui la plus grande joie jusqu'au jour où il se blessa au genou. Il se rendit chez tous les médecins, en vain. Finalement, il ne put plus jouer du tout.

Un autre de mes clients, le fils d'un pasteur, avait reçu comme principe d'éducation que les autres passent toujours avant. Aujourd'hui, il est entièrement dévoué aux autres mais, en ce qui le concerne, il a toujours de la peine à «joindre les deux bouts». Sa croyance persévère à le mettre en queue de liste.

Tout ce que vous croyez vous paraît vrai

Combien de fois avons-nous dit «Je suis ainsi» ou «La vie est ainsi»? En fait, ces mots ne font que refléter ce que nous *croyons* être vrai. Et ce que nous croyons provient en général d'opinions de notre entourage que nous avons intégrées à notre système de croyance.

Faites-vous partie de ces gens qui, se levant le matin et voyant qu'il pleut, s'exclament : «Quelle horrible journée!»

Ce *n'est pas* une horrible journée! Il pleut, c'est tout. En nous habillant en conséquence et en changeant d'attitude, nous pourrons passer une bonne journée de pluie. Mais si notre croyance négative est bien ancrée, nous accueillerons toujours la pluie à contre-cœur au lieu de nous laisser aller au cours des événements.

Il n'y a pas de « beau » ou de « mauvais » temps. Il n'y a que le temps et nos réactions individuelles.

Si nous désirons vivre dans la joie, il nous faut des pensées joyeuses. Si nous voulons vivre dans l'amour, il nous faut des pensées d'amour. Il en va de même pour la prospérité. *Tout ce que nous émettons mentalement ou verbalement nous reviendra de la même manière.*

Chaque instant est un nouveau commencement

Je le répète, *le pouvoir réside toujours en l'instant présent*. Vous n'êtes *jamais* coincé. C'est ici que les changements s'effectuent : ici et maintenant, *dans notre propre esprit !* Peu importe depuis combien de temps durent nos pensées négatives, notre mauvaise santé, nos mauvaises relations, notre mauvaise situation financière ou notre manque d'amour pour nous-mêmes. Nous pouvons amorcer un changement aujourd'hui !

Il n'est plus nécessaire que vos problèmes demeurent votre réalité. Ils peuvent disparaître comme ils sont apparus. Vous en avez le pouvoir.

Souvenez-vous : *vous êtes le seul maître de vos pensées et de votre esprit !* Vous possédez le pouvoir et l'autorité dans votre monde !

Vos pensées et croyances passées ont créé cet instant et tous ceux qui l'ont précédé. Ce que vous choisissez maintenant de croire, de penser et de dire créera l'instant suivant, le jour, le mois prochains ct tout votre avenir.

Oui, vous! Je peux vous donner les meilleurs conseils, fruits de mes années d'expériences; mais vous pouvez aussi vous accrocher à vos anciennes croyances et ainsi refuser de changer, et garder tous vos problèmes.

Vous possédez le pouvoir de votre propre monde! Vous obtiendrez tout ce que vous choisissez de penser!

C'est maintenant que se déclenche le nouveau processus. Chaque instant est un nouveau commencement, c'est ici et maintenant que se produit le nouveau commencement! *Cet instant est celui du pouvoir!*

Est-ce vrai?

A quoi pensez-vous en cet instant? S'il est vrai que vos pensées façonnent votre vie, désireriez-vous que cette pensée devienne réalité pour vous? S'il s'agit d'un sentiment de crainte, d'un souci, d'un désir de vengeance, comment croyez-vous que cette pensée se répercutera en vous?

Il n'est pas toujours facile de prendre conscience de nos pensées car elles sont très mobiles. Nous pouvons au moins, dès maintenant, prendre l'habitude de faire attention à ce que nous disons. Si vous vous surprenez à exprimer des pensées négatives, arrêtez-vous immédiatement; soit vous reformulez la phrase, soit vous y renoncez en disant éventuellement: «Va-t'en!»

Imaginez que vous faites la queue dans une cafétéria ou devant le buffet d'un grand hôtel, où les plats, au lieu de contenir de la nourriture, contiendraient des pensées. Vous pouvez choisir celles qui vous plaisent. Ce sont elles qui créeront vos expériences futures.

Il serait stupide de choisir des pensées qui engendreront de la douleur ou des problèmes. C'est comme choisir de la nourriture que nous ne supportons pas. Après un ou deux essais malheureux, nous nous en abstenons. Il en va de même avec les pensées. *Cessons d'utiliser les pensées qui causent problèmes et douleurs.*

Un de mes premiers maîtres, le docteur Raymond Charles Barker, aimait à répéter : « Devant un problème, il n'y a rien à faire, il y a à savoir. »

Notre esprit crée notre avenir. Lorsque nous nous trouvons, dans le présent, face à une contrariété, nous devons faire appel à notre esprit afin de changer la situation. Ce qui nous est possible dès maintenant.

Comme j'aimerais que le principal sujet d'enseignement dans les écoles soit : « Comment fonctionne votre pensée » ! Je n'ai jamais compris pourquoi l'on obligeait les enfants à mémoriser des dates de batailles. Quelle perte d'énergie mentale ! Il serait plus judicieux de leur enseigner comment fonctionne la pensée, comment gérer l'argent, comment s'assurer la sécurité financière, comment remplir son rôle de parent, comment créer de bonnes relations et comment parvenir à s'estimer et à s'aimer.

Vous imaginez-vous ce que serait une génération d'adultes à qui l'on aurait enseigné ces sujets en plus des matières traditionnelles ? Songez comment ces vérités se manifesteraient ! Ce seraient des personnes heureuses, bien dans leur peau, matériellement aisées et qui enrichiraient l'économie par des investissements avisés. Elles auraient de bonnes relations, seraient de bons parents et pourraient ainsi donner naissance à une nouvelle génération heureuse, où chacun aurait toutefois son individualité et sa créativité.

Il n'y a pas de temps à perdre. Poursuivons notre travail.

L'Univers infini dans lequel je me trouve
est complet et parfait.
Je choisis de renoncer à mes pensées négatives.
Je choisis maintenant de me voir
comme l'Univers me voit,
complet et parfait.
La vérité de ma personne
est que mon être a été créé complet et parfait.
Je suis maintenant complet et parfait.
Je le serai toujours.
Je décide de vivre à la lumière
de cette compréhension.
Je me trouve au bon endroit, au bon moment
et mon action est juste.
Tout est bien dans le monde qui est le mien.

CHAPITRE CINQ

Que faisons-nous maintenant?

*« Je suis conscient de mes schémas
et je choisis d'en changer. »*

La décision de changer

Arrivées à ce stade, beaucoup de personnes choisissent de se masquer la face devant ce qu'elles considèrent comme le gâchis de leur vie et d'abandonner la partie. D'autres se fâchent contre elles-mêmes ou contre la vie et abandonnent aussi.

Abandonner revient à décider : « C'est sans espoir et il est impossible de changer ; alors à quoi bon essayer ? » Cette attitude mène à : « Reste comme tu es. Au moins, tu sais supporter ta douleur ; tu ne l'aimes pas, mais tu y es habitué et tu espères qu'elle n'empirera pas. »

Quant à la colère, elle équivaut à s'asseoir dans un coin avec un bonnet d'âne sur la tête. Une contrariété vous arrive, vous vous mettez en colère. Une autre contrariété vous arrive, vous vous mettez une fois de plus en colère, et ainsi de suite. Vous ne dépassez jamais le stade de la colère.

Quel bien peut-on en tirer? Il est ridicule de perdre son temps à se mettre uniquement en colère. Une telle attitude est aussi un refus de voir la vie sous un angle différent et nouveau.

Il vous serait beaucoup plus utile de vous demander pourquoi vous créez toutes ces situations qui débouchent sur la colère.

Quelles sont les causes de vos frustrations? Qu'émettez-vous qui crée chez les autres le besoin de vous contrarier? Pourquoi croyez-vous nécessaire de vous mettre en colère pour arriver à vos fins?

Tout ce qui sort de vous vous reviendra. Plus vous émettez de colère, plus vous créez des situations qui l'engendreront.

Ce paragraphe éveille-t-il votre colère? Si oui, c'est qu'il a atteint son but et qu'il existe là quelque chose que vous pourriez désirer changer.

Décider de «vouloir changer»

Vous n'avez qu'à effleurer l'idée d'un désir de changement pour mesurer votre degré d'entêtement. Nous désirons tous améliorer notre vie, rendre notre existence meilleure et plus facile, mais nous refusons de changer. Nous préférerions qu'*ils* changent mais nous devons d'abord *changer intérieurement*, c'est-à-dire changer notre manière de penser et de nous exprimer, sans quoi aucun changement extérieur n'est possible.

Voici donc notre prochaine étape. Nous connaissons maintenant assez bien nos problèmes et leur origine. Par conséquent, l'heure est arrivée de *décider de changer*.

Personnellement, j'ai toujours été assez têtue. Aujourd'hui encore, quand je décide d'opérer un changement dans ma vie, cette obstination refait surface et je rencontre une forte résistance au changement de *ma* pensée. Je peux éprouver temporairement de l'indignation, de la colère et me replier sur moi-même.

Oui, cela m'arrive toujours, malgré des années de travail. C'est une de mes leçons. Mais en l'occurrence, je sais que je me trouve face à une phase importante de mon évolution. Chaque fois que je décide d'opérer un changement dans ma vie, de lâcher prise sur un nouveau point, je dois creuser encore plus profondément en moi.

Chaque vieille « couche » doit être retirée pour être remplacée par une nouvelle manière de penser. Cela est parfois facile, mais en d'autres cas, la difficulté semble insurmontable.

Plus je m'agrippe à un ancien schéma de pensée lors d'un désir de changement et plus je sais que ce schéma doit être effacé. Ce n'est qu'en vivant moi-même ces phénomènes que je peux partager mon expérience.

La plupart des meilleurs maîtres ne sont pas issus de familles où tout allait pour le mieux. Ils ont vécu dans un environnement pénible et douloureux et ils ont travaillé couche après couche pour atteindre l'état qui leur permet maintenant d'aider d'autres personnes à se libérer. La plupart des bons maîtres continuent leur travail en profondeur afin de se libérer des blocages les plus enfouis, ce qui prend toute une vie.

Maintenant je ne suis plus contrariée lorsque je me débarrasse d'un schéma de pensée, alors que c'était le cas autrefois ; quelle différence ! Et je ne me méprise plus quand je découvre un autre élément négatif de ma personne.

Le ménage

Le travail mental auquel je procède maintenant pourrait se comparer au nettoyage d'une maison. Je parcours mes «chambres» mentales afin d'examiner les pensées et croyances qui s'y trouvent. Je fais briller celles que j'aime et tente de les rendre encore plus utiles ; j'entretiens celles qui en ont besoin. En revanche, d'autres sont vieilles et hors d'usage ; je m'en débarrasse ou les jette à la poubelle, les laissant pour toujours.

Pour accomplir ce travail, il n'est pas nécessaire que je me fâche ou que je me sente coupable.

EXERCICE : JE SUIS DÉCIDÉ À CHANGER

Répétez souvent cette affirmation, à haute voix, la main sur votre gorge. La gorge est le centre énergétique de notre corps où s'effectue le changement. En la touchant, vous admettez vous être engagé dans un processus d'évolution.

Soyez prêt à permettre aux changements de s'opérer quand ils se présentent. Soyez conscient que ce que vous *NE VOULEZ PAS CHANGER* est ce qui en a le plus besoin. «Je suis décidé à changer.»

L'Intelligence Universelle répond toujours à vos

paroles et pensées. Les changements commenceront, à n'en pas douter, dès que vous ferez vôtre cette affirmation.

Différentes façons de changer

Travailler selon mes idées n'est pas la seule manière de changer. Il existe beaucoup de méthodes efficaces.

Passons-en quelques-unes en revue. Il y a l'approche spirituelle, l'approche mentale et l'approche physique. La guérison holistique comprend le corps, le mental et l'esprit. Vous pouvez commencer par le domaine de votre choix, pour autant que vous finissiez par les inclure tous. Certaines personnes optent pour le mental et commencent une analyse, par exemple. D'autres choisissent l'esprit par le recours à la méditation ou à la prière.

Quand vous commencez à *faire le ménage chez vous*, le choix de la chambre n'importe pas. Commencez par le domaine qui vous attire le plus. Les autres suivront pratiquement d'eux-mêmes.

Ceux qui commencent par le niveau spirituel sans prêter aucune attention à leur alimentation dévient souvent sur le domaine de la nutrition. Ils rencontrent un ami, trouvent un livre ou suivent un cours qui leur explique à quel point leur nourriture influe sur leur état. Une chose mène à l'autre pourvu qu'il y ait le désir d'évoluer et de changer.

Je ne donne que peu de conseils nutritionnels, car j'ai découvert que chaque régime n'était adapté qu'à un certain nombre de personnes. Quand je remarque qu'un client a besoin d'informations dans ce domaine, je l'envoie chez un autre praticien de mon réseau holistique. En cette matière, vous devez trouver votre propre voie ou recourir aux conseils d'un spécialiste qui peut vous tester.

Beaucoup de livres de diététique ont été écrits par des malades qui ont mis au point une méthode pour leur guérison. Puis ils ont diffusé cette méthode par leur livre. Il ne faut cependant pas oublier que nous sommes tous différents.

Par exemple, macrobiotique et crudivorisme sont deux approches totalement différentes. Les adeptes du deuxième type d'alimentation ne cuisent jamais rien, ne mangent que rarement du pain ou des céréales et veillent à ne pas mélanger fruits et légumes lors d'un même repas ; en outre, ils n'utilisent jamais de sel. Les adeptes de la macrobiotique, quant à eux, cuisent pratiquement toute leur nourriture, combinent leurs aliments selon d'autres règles et font un large usage du sel. Ces deux systèmes donnent des résultats, ont permis des guérisons, mais aucun ne convient à tout le monde.

Mon approche nutritionnelle est simple. Je mange ce qui pousse et refuse ce qui ne pousse pas.

Soyez conscient de votre alimentation comme de vos pensées. Nous pouvons aussi apprendre à écouter notre corps et ses réactions à nos différents types d'alimentation.

Le nettoyage de notre mental après des années de laisser-aller avec des pensées négatives peut se comparer à un bon régime adopté après toute une vie d'erreurs alimentaires. Les deux sont susceptibles de provoquer des crises. Tous deux sont des moyens de guérison efficaces. Lorsque vous modifiez votre régime alimentaire, votre corps commence à éliminer des toxines et vous risquez de vous sentir mal pendant un ou deux jours. Il en va de même lorsque vous décidez de changer vos schémas mentaux ; les choses peuvent vous paraître aller plus mal pendant un certain temps.

Représentez-vous la fin d'un bon repas. C'est le moment de la vaisselle. Le fond de la poêle est recouvert d'une couche difficilement détachable ; vous la mettez donc à tremper. Puis vous commencez à la gratter : quelle saleté ! L'ustensile semble en pire état qu'auparavant. Mais si vous continuez le nettoyage, il sera bientôt aussi propre que quand vous l'avez acheté.

Le nettoyage d'un vieux schéma mental est identique. Lorsque nous le recouvrons de nouvelles idées, le noir remonte à la surface. Tenez bon avec les nouvelles affirmations et vous serez bientôt totalement délivré de l'ancienne limitation.

EXERCICE : LE DÉSIR DE CHANGER

Donc, nous avons décidé de changer ; nous utiliserons toutes les méthodes le permettant. En voici une dont je me sers pour moi-même ou avec d'autres :

Commencez par vous regarder dans un miroir et dites-vous : « Je suis décidé à changer. »

Observez vos réactions. Si vous vous sentez hésitant, réticent, ou même opposé au changement, demandez-vous pourquoi. A quelle vieille croyance vous raccrochez-vous ? Ne vous en voulez pas, contentez-vous de la chercher. Je mettrais ma main au feu que cette croyance vous a causé bien des problèmes. Savez-vous d'où elle vient ?

Que nous connaissions son origine ou non, faisons maintenant en sorte de l'éliminer. Retournez vers le miroir et regardez-vous dans les yeux, profondément ; touchez-vous la gorge et répétez dix fois, à haute voix : « Je veux faire tomber toute résistance. »

Le travail devant un miroir se révèle hautement efficace. Enfants, nous avons reçu la plupart de nos informations négatives des autres, quand ils plongeaient leur regard dans le nôtre en pointant un doigt vers nous. Aujourd'hui, lorsque nous nous regardons dans un miroir, nous avons souvent tendance à exprimer une pensée négative. Soit nous critiquons notre aspect, soit nous nous adressons un reproche. Mais je pense que vous obtiendrez des résultats très rapides si vous vous regardez dans les yeux en même temps que vous vous faites une déclaration positive.

L'Univers infini dans lequel je me trouve
est complet et parfait.
Maintenant je choisis calmement et objectivement
de percevoir mes anciens schémas
et je suis décidé à faire des changements.
Je suis ouvert à tout enseignement.
Je peux apprendre. Je suis décidé à changer.
Je décide de le faire dans la joie.
La découverte d'une pensée négative
équivaudra pour moi à celle d'un trésor.
Je me sens et me vois changer d'instant en instant.
Les pensées n'ont plus de pouvoir sur moi.
Je suis le pouvoir dans mon monde.
Je choisis d'être libre.
Tout est bien dans le monde qui est le mien.

CHAPITRE SIX

La résistance au changement

« J'appartiens au rythme et au flux d'une vie
en perpétuel changement. »

La conscience est le premier pas
vers la guérison ou le changement

Quand une structure mentale se trouve profondément enfouie en nous, nous devons en prendre conscience afin d'améliorer notre état. Ou nous en parlons, nous nous en plaignons, ou nous la remarquons chez d'autres ; tôt ou tard, d'une façon ou d'une autre, elle se dévoilera et nous commencerons à la prendre en compte. Souvent, nous amenons à nous un maître, un ami, un stage ou un livre qui nous permettront de faire les démarches nécessaires à la solution du problème.

Mon propre éveil a commencé au hasard de la remarque d'un ami qui avait entendu parler d'une conférence. Lui-même n'y alla pas mais il y eut un déclic en moi et c'est pourquoi je m'y suis rendue. Ce fut la première étape du chemin de ma guérison, bien que je ne m'en sois rendu compte que par la suite.

A ce stade, nous pensons souvent que ce qui nous est proposé n'a pas de sens ; cela peut nous paraître trop facile ou inacceptable et nous refusons. Nous nous mettons en colère : notre résistance se manifeste dans toute sa splendeur.

Une telle réaction est positive si nous comprenons qu'il s'agit de la première étape de notre processus de guérison.

J'explique à mes clients que toute réaction, quelle qu'elle soit, indique qu'ils sont déjà engagés dans un processus de guérison, même si les résultats ne se voient pas encore. En fait, il s'enclenche dès l'instant où nous abordons l'idée d'un changement.

L'impatience n'est qu'une autre forme de résistance, une résistance à l'apprentissage et au changement. Si nous exigeons des résultats immédiats, cela signifie que nous ne nous accordons pas le temps nécessaire à l'assimilation de la leçon liée à notre problème.

Si vous désirez vous rendre dans une autre chambre, vous devez vous lever et vous déplacer pas à pas ; vous ne pourriez le faire en restant simplement assis dans votre fauteuil. Ainsi en est-il de votre évolution. Nous désirons tous résoudre notre problème mais nous refusons les petits éléments qui s'additionnent jusqu'à sa solution.

Il est temps maintenant de reconnaître notre responsabilité quant à l'origine de notre problème. Je ne dis pas qu'il faille vous sentir coupable ou que vous deviez vous mépriser pour en être arrivé là où vous vous trouvez actuellement. Au contraire, je dis que vous devez reconnaître le pouvoir qui est le vôtre et qui transforme chacune de vos pensées en expérience. Dans le passé, nous avons utilisé, à notre insu, ce pouvoir pour créer des expériences indésirables. Nous n'étions pas conscients de ce que nous faisions. Aujourd'hui, en reconnaissant notre responsabilité, nous *devenons* conscients et pouvons apprendre à utiliser ce pouvoir de manière positive.

Il arrive souvent, lorsque je suggère une solution à un client — une nouvelle approche ou un nouveau comportement vis-à-vis des autres — que je le voie serrer les mâchoires ou les bras sur sa poitrine ; certains vont jusqu'à fermer les poings. Leur résistance se manifeste et je sais ainsi que j'ai atteint une cible.

Nous avons tous des leçons à apprendre. Les expériences qui nous paraissent si difficiles ne sont que les leçons que nous avons choisies pour notre évolution. Si ces expériences nous semblent faciles, cela signifie qu'elles ne sont pas des leçons pour nous, que nous les connaissons déjà.

Les leçons peuvent s'apprendre par la prise de conscience

Si vous pensez à la chose qui vous paraît la plus difficile et à toute la résistance que vous lui opposez, vous avez mis le doigt sur la leçon la plus importante du moment. En cessant de résister et en vous permettant d'apprendre ce dont vous avez besoin, vous faciliterez grandement l'étape suivante. Ne vous laissez pas vaincre par votre résistance. Nous pouvons travailler sur deux niveaux : 1) en observant la résistance 2) sans pour autant renoncer à faire les changements. Observez votre comportement et votre résistance ; et continuez quoi qu'il arrive.

Les indices non verbaux

Nos actions témoignent souvent de notre résistance. Par exemple :

> Nous changeons de sujet de conversation.
> Nous quittons la pièce.
> Nous allons aux toilettes.
> Nous arrivons en retard.
> Nous tombons malades.
> Nous repoussons le problème :
>> En faisant autre chose.
>> En nous réfugiant dans notre travail.
>> En perdant notre temps.
>> En détournant notre regard ou en regardant par la fenêtre.
>> En feuilletant un journal.
>> En refusant d'accorder notre attention.
>> En mangeant, buvant ou fumant.
>> En entamant ou en rompant une relation.
>> En créant des pannes (de voiture, d'appareils, etc.).

Les suppositions

Nous faisons souvent des suppositions à propos des autres pour justifier notre résistance. En voici quelques exemples :

> De toute façon, cela n'arrangerait rien.
> Mon mari (ma femme) ne comprendra pas.
> Je serais obligé de changer complètement de personnalité.
> Seuls les fous vont chez des psychothérapeutes.

Ils ne pourraient pas m'aider à résoudre mon problème.
Ils ne sauraient comment réagir face à ma colère.
Mon cas est différent des autres.
Je ne veux pas les déranger.
Cela s'arrangera tout seul.
Personne d'autre ne le fait.

Les croyances

Nous grandissons avec des croyances qui deviennent notre résistance au changement. Certaines de ces idées qui nous limitent sont :

Cela ne se fait pas.
Ce n'est pas bien.
C'est une chose que je ne peux pas faire.
Cela ne serait pas spirituel.
Les gens spirituels ne se fâchent pas.
Ma famille n'a jamais agi ainsi.
L'amour n'est pas pour moi.
C'est stupide.
C'est trop loin.
Cela représente trop de travail.
C'est trop cher.
Cela prendra trop de temps.
Je n'y crois pas.
Ce n'est pas mon genre.

Les autres

Nous abandonnons notre pouvoir aux autres et cela nous sert ensuite pour excuser notre résistance au changement. Nous avons des idées telles que :

Dieu n'aime pas cela.
J'attends que le destin soit favorable.
L'endroit est mal choisi.
Ils ne me laisseront pas changer.
Je n'ai pas le bon livre/maître/outil.
Mon médecin n'est pas d'accord.
Je n'ai pas assez de temps libre.
Je ne veux pas tomber sous leur emprise.
Tout est de leur faute.
C'est d'abord à eux de changer.
Je le ferai dès que j'aurai...
Vous/ils ne comprenez/comprennent pas.
Je ne veux pas les blesser.
Cela va à l'encontre de mes croyances, de mon éducation, de ma philosophie.

Nos idées sur nous-mêmes

Nous avons sur nous-mêmes des idées dont nous nous servons pour nous limiter ou pour résister au changement. Nous sommes :

Trop vieux.
Trop jeune.
Trop gros.
Trop maigre.

Trop petit.
Trop grand.
Trop paresseux.
Trop faible.
Trop fort.
Trop bête.
Trop intelligent.
Trop pauvre.
Trop indigne.
Trop frivole.
Trop sérieux.
Trop bloqué.
Peut-être que c'est simplement trop pour nous.

Les tactiques d'ajournement

Nous manifestons souvent notre résistance en ajournant ce que nous avons décidé. Nous recourons à des excuses telles que :

Je le ferai plus tard.
Juste maintenant, je n'ai pas les idées en place.
Je n'ai pas le temps maintenant.
Cela me prendrait trop de temps sur mon travail.
J'ai déjà trop de choses à faire.
J'y réfléchirai demain.
Dès que j'aurai terminé…
Dès que je serai rentré de voyage.
Le moment est mal choisi.
C'est trop tôt ou trop tard.

Le refus

Une autre forme de résistance consiste à nier le besoin d'un changement. Par exemple :

Tout va bien pour moi.
Je ne peux rien faire par rapport à ce problème.
Cela a bien marché la dernière fois.
A quoi cela servirait-il de changer ?
Le problème disparaîtra peut-être tout seul.

La peur

La résistance se manifeste de loin le plus souvent par la peur — la peur de l'inconnu. Voyez un peu :

Je n'y suis pas encore prêt.
Je risque d'échouer.
On risque de me rejeter.
Que penseront les voisins ?
Je n'ai pas envie de remuer ce linge sale.
J'ai peur de l'avouer à mon mari/ma femme.
Je n'en sais pas assez.
Je risque d'en souffrir.
Cela m'amènerait probablement à changer.
Cela risque de me coûter de l'argent.
Je préférerais mourir, ou divorcer.
Je ne veux pas montrer que j'ai un problème.
J'ai peur d'exprimer mes sentiments.
Je ne désire pas en parler.
Je n'ai pas assez d'énergie.
Qui sait comment cela risque de se terminer ?
Je risque de perdre ma liberté.

C'est trop difficile.
Je n'en ai pas les moyens actuellement.
Je risque de me faire mal.
Je ne serais pas parfait.
Je risque de perdre mes amis.
Je n'ai confiance en personne.
Cela pourrait nuire à mon image.
Je n'en ai pas les capacités.

Et cette liste pourrait s'allonger indéfiniment. Reflète-t-elle certains aspects de votre résistance ? Remarquez comment s'exprime la résistance dans les exemples qui suivent.

Une femme a fait appel à moi car elle souffrait de douleurs multiples. Elle s'était fracturé la colonne vertébrale, le cou et le genou dans trois accidents de voiture différents. Pour venir, elle partit en retard, se perdit, puis resta bloquée dans les embouteillages.

Elle n'eut pas de difficulté à me confier ses problèmes mais dès que je l'interrompis et lui dis : « Laissez-moi parler maintenant », elle fut prise d'une grande agitation : ses lentilles de contact la gênaient soudain, elle voulut changer de siège, elle dut aller aux toilettes, enfin elle dut retirer ses lentilles. Il me fut impossible de récupérer son attention pour le reste de la séance.

Tout cela n'était que de la résistance : elle n'était pas prête à lâcher prise pour guérir. J'appris que sa sœur et sa mère avaient toutes deux été victimes d'une fracture de la colonne.

Un autre client était acteur et mime. Il se vantait de son aisance à duper les autres, et notamment les institutions. Il savait se sortir de toutes les situations, mais en fait il ne se sortait de rien. Il était toujours à court d'argent, payait ses factures avec retard et on lui avait coupé le téléphone plusieurs fois. Il était mal habillé, ne travaillait pas régulièrement, il souffrait de nombreuses douleurs et sa vie amoureuse était lamentable.

Il tenait pour théorie qu'il ne deviendrait honnête que le jour où la vie se montrerait bonne pour lui. Il était évident qu'avec tout ce qu'il émettait de négatif, il ne pouvait rien recevoir de positif. Il lui fallait d'abord devenir honnête.

Sa résistance se manifestait par le fait qu'il n'était pas prêt à se débarrasser de ses vieilles habitudes.

Laissez vos amis tranquilles

Trop souvent, au lieu de travailler à notre propre changement, nous décidons que nos amis doivent changer ; c'est une autre forme de résistance.

Au début de l'exercice de ma profession, j'ai connu une cliente qui m'envoyait auprès de tous ses amis à l'hôpital. Au lieu de leur apporter des fleurs, elle leur offrait des services pour résoudre leurs problèmes. J'arrivais donc auprès d'un malade, mon enregistreur à la main, et la personne en question ignorait qui j'étais et le but de ma visite. Je n'avais pas encore appris à ne jamais travailler à moins qu'on ne me le demande personnellement.

Parfois des personnes viennent me trouver car un ami leur a offert une séance. Il est rare que les résultats soient bons et que ces personnes reviennent me voir.

Nous avons souvent envie de partager ce qui nous est bénéfique. Mais nos amis ne sont pas forcément prêts à changer en même temps que nous. Cela est déjà assez difficile pour nous-mêmes ; vouloir imposer le changement aux autres sans leur accord s'avère totalement impossible et risque de briser une amitié. Si je bouscule mes clients, c'est parce qu'ils ont décidé de recourir à mes services. Je laisse mes amis tranquilles.

Le travail du miroir

Les miroirs nous renvoient nos sentiments par rapport à nous-mêmes. Ils nous montrent clairement ce que nous devons changer si nous désirons mener une vie heureuse.

Je demande aux gens de se regarder dans les yeux et de se dire quelque chose de positif chaque fois qu'ils passent devant un miroir. La manière la plus efficace d'enregistrer des affirmations positives consiste à se regarder dans un miroir et à les dire à haute voix ; ainsi, on se rend compte immédiatement de sa résistance, ce qui permet de la surmonter plus rapidement. Je vous conseille même de garder un miroir auprès de vous pendant que vous lisez ce livre ; utilisez-le pour vos affirmations et afin de détecter vos résistances. Il reflétera également votre évolution et votre épanouissement.

Maintenant, regardez-vous dans un miroir et dites-vous : « Je suis décidé à changer. »

Comment vous sentez-vous ? Si vous êtes réticent, hésitant ou simplement opposé au changement, demandez-vous pourquoi. A quelle ancienne croyance vous raccrochez-vous ? Surtout, ne vous réprimandez pas. Faites seulement attention à ce qui se passe en vous et à la pensée qui se manifeste, car il s'agit de celle qui vous cause tant de problèmes. Pouvez-vous retrouver son origine ?

Si nous exprimons nos affirmations et qu'elles semblent déplacées, ou que rien ne se passe, nous risquons de nous dire : « Cela ne marche pas. » En fait, cela signifie que nous avons une autre étape à franchir auparavant.

Les schémas qui se répètent nous indiquent nos besoins

A chacune de nos habitudes, à chaque expérience que nous vivons et revivons, à chaque structure que nous répétons, correspond *UN BESOIN EN NOUS*. Ce besoin est lié à une croyance. Si ce besoin n'était pas là, nous n'aurions pas, nous ne ferions pas, nous ne serions pas ce qu'il provoque. Quelque chose en nous crée l'obésité, les relations frustrantes, les échecs, les cigarettes, la colère, la pauvreté ou toute autre chose qui nous pose problème.

Combien de fois nous sommes-nous répété : « Je ne referai plus cela ! » Mais la journée n'est pas terminée que nous avons repris un morceau de gâteau, une cigarette, dit une parole blessante à quelqu'un que nous aimons, etc. Puis nous classons le problème en nous disant : « Oh, tu n'as pas de volonté ni de discipline. Tu n'es qu'un faible. » Ce qui ne fait qu'augmenter notre sentiment de culpabilité.

La volonté et la discipline n'entrent pas en ligne de compte

Tout ce dont nous essayons de nous libérer ne représente en fait qu'un symptôme, un effet externe. Essayer d'éliminer ce symptôme sans nous attaquer à la cause est inutile car, dès que nous relâcherons notre volonté ou notre discipline, le symptôme réapparaîtra.

Décider de se libérer du besoin

Je dis à mes clients : « Il doit y avoir en vous un besoin qui crée ce malaise, sans quoi celui-ci n'existerait pas. Faites une petite marche arrière pour *DÉCIDER DE VOUS LIBÉRER DU BESOIN*. Une fois le besoin éliminé, vous n'aurez plus envie de cigarette, de trop manger ou d'un schéma négatif. »

Une des premières affirmations à utiliser est : « Je veux me libérer de mon *BESOIN* de résistance ou de mal de tête, de constipation, d'embonpoint, de manque d'argent, etc. » Dites : « Je veux me libérer du besoin de… » Si, à ce stade, vous résistez déjà, vos autres affirmations demeureront sans effet.

Il n'est pas nécessaire de défaire la toile qui nous entoure : vous savez bien que si vous tirez les fils d'une pelote emmêlée, vous ne ferez qu'aggraver la situation. Vous devez défaire les nœuds les uns après les autres, patiemment et calmement. Soyez donc calme et patient à votre égard lorsque vous démêlez vos schémas mentaux. Cherchez de l'aide si vous en ressentez le besoin. Mais avant tout, aimez-vous vous-même au cours de ce travail. Tout le secret réside dans le *désir* de se libérer du passé.

Par «besoin du problème», j'entends que, selon nos schémas mentaux, nous «avons besoin» de vivre certaines expériences ou effets externes. Tout effet externe est l'expression naturelle d'un schéma de pensée interne. Lutter uniquement contre cet effet ou symptôme équivaut à une perte de temps et d'énergie ; cela risque même d'aggraver le problème.

L'idée «Je n'en vaux pas la peine» ne peut que retarder le travail

Si j'entrevois en moi la pensée ou croyance : «Je n'en vaux pas la peine», l'un de ses effets extérieurs sera de me pousser à différer mon travail. Le fait de remettre au lendemain n'est qu'une manière de nous empêcher d'atteindre le but que nous nous sommes fixé. La plupart des gens qui le font mettent beaucoup de temps et d'énergie à se reprocher cette attitude. Ils se traiteront de paresseux et agiront de manière à confirmer leur mauvaise opinion d'eux-mêmes.

La jalousie envers le bonheur des autres

Un de mes clients adorait se faire remarquer et, pour y parvenir, il arrivait souvent en retard lors des séances de groupes. Cadet d'une famille de dix-huit enfants, il était toujours passé le dernier. Enfant, il n'avait fait qu'attendre son tour. Quand la chance souriait à quelqu'un, au lieu de se réjouir, il se disait : « Si seulement ça m'arrivait à moi » ou « Pourquoi n'est-ce jamais pour moi ? »

Son ressentiment face au bonheur des autres entravait sa propre évolution.

L'estime de soi ouvre de nombreuses portes

Une dame âgée de soixante-dix-neuf ans vint me voir. Elle enseignait le chant et plusieurs de ses étudiants passaient dans des publicités télévisées. Elle avait envie d'en faire aussi, mais elle n'osait pas. Je l'ai encouragée totalement en lui expliquant : « Vous êtes unique. Soyez simplement vous-même. Faites-le pour le plaisir. Il y a des gens qui cherchent précisément ce que vous pouvez offrir. Faites-vous connaître. »

Elle s'adressa à plusieurs réalisateurs et leur dit : « Je suis une vieille dame et je désire travailler dans la publicité. » Elle ne tarda pas à obtenir un contrat et depuis, elle travaille régulièrement. Je la vois souvent à la télévision et dans des magazines. De nouvelles professions peuvent commencer à tout âge, surtout si vous faites ce travail pour le plaisir.

Se critiquer revient à frapper à la mauvaise porte

Cette attitude ne fera qu'augmenter la paresse et la tendance à différer l'action. Notre énergie mentale doit être investie de la création de nouveaux schémas de pensée pour remplacer les anciens. Dites : *« Je veux me libérer du besoin de me sous-estimer. J'ai droit à ce que la vie offre de plus beau et je m'autorise à l'accepter. »*

« Me répéter cette affirmation pendant quelques jours permettra que mon schéma interne disparaisse automatiquement. »

« En me dotant d'un schéma d'estime, je ne ressentirai plus le besoin de différer ce qui est bon pour moi. »

Voyez-vous comment ces affirmations pourraient s'appliquer à vos schémas mentaux négatifs et, ainsi, à leurs effets externes ? Cessons de perdre notre temps et notre énergie à nous sous-estimer en raison de comportements auxquels nous ne pouvons échapper tant qu'ils seront la conséquence de nos croyances. Il faut changer ces croyances.

Quels que soient votre approche ou le problème qui vous préoccupe, vous n'êtes confronté qu'à des pensées ; et celles-ci peuvent être changées.

Lorsque nous désirons opérer un changement, il faut que nous l'exprimions ainsi :

«Je suis décidé à me débarrasser du schéma intérieur qui crée ce problème.»

Vous pouvez vous répéter cette affirmation chaque
fois que vous pensez à votre problème ou à votre
maladie. Dès l'instant où vous le faites, vous cessez
d'être une victime impuissante, car vous reconnaissez
votre propre pouvoir. En fait, vous dites : «Je commence à comprendre que j'ai créé cette situation.
Maintenant, je reprends possession de mon pouvoir.
Je vais me délivrer de cette vieille idée.»

La critique de soi

L'une de mes clientes mange une livre de beurre et
tout ce qui lui passe sous la main quand elle ne sup-
porte pas d'affronter ses pensées négatives; puis le
lendemain, elle en veut à son corps de son embonpoint. Quand elle était petite fille, elle avait pour habitude de faire le tour de la table familiale, de manger
les restes des autres et de finir le beurre. Sa famille
s'en amusait; ce qui, pour elle, devait correspondre à
une approbation.

Quand vous vous réprimandez, quand vous vous
sous-estimez, quand vous vous «démolissez», à qui
en voulez-vous?

Nous avons intégré presque tous nos programmes
(positifs et négatifs) pendant nos trois premières
années de vie et nos expériences ultérieures ont été la
conséquence de ce que nous avons cru et accepté sur
nous-mêmes et sur la vie à cette époque. La manière
dont nous avons été traités tout jeunes correspond
généralement à la manière dont nous nous traitons

maintenant. La personne que vous réprimandez au-jourd'hui est l'enfant de trois ans en vous.

Si vous vous en voulez d'être craintif et peureux, imaginez que vous êtes un enfant de trois ans. Si vous aviez devant vous un enfant de cet âge qui aurait peur, que feriez-vous ? Vous mettriez-vous en colère ou lui tendriez-vous les bras pour le rassurer ? Les adultes qui vous entouraient pendant votre enfance ne savaient probablement pas comment vous réconforter. Mainte-nant, vous êtes l'adulte et il serait triste que vous ne réconfortiez pas cet enfant qui est en vous.

Le passé est le passé. Il s'agit maintenant du présent et vous avez la possibilité de vous traiter comme vous souhaitez être traité. Un enfant craintif a besoin de réconfort et non de réprimandes. En vous réprimandant, vous ne ferez qu'augmenter votre peur et ce sera sans solution. Le sentiment d'insécurité qui habite l'enfant qui est en vous ne peut créer que des pro-blèmes. Souvenez-vous de ce que vous ressentiez lorsque l'on vous grondait ; aujourd'hui, cet enfant en vous ressent exactement la même chose.

Soyez gentil envers vous. Apprenez à vous aimer et à approuver vos actions. C'est ce dont votre être inté-rieur a besoin pour exprimer tout son potentiel.

*L'Univers infini dans lequel je me trouve
est complet et parfait.
Je comprends que tous les schémas de résistance
qui sont en moi doivent être abandonnés.
Ils n'ont aucun pouvoir sur moi.
Je suis le pouvoir dans mon monde.
J'épouse de mon mieux le cours des changements
qui surviennent dans ma vie.
J'approuve ce que je suis et la manière dont
je change.
Je fais de mon mieux.
Chaque jour devient plus facile.
Je me réjouis d'être dans le rythme et le flux
de ma vie en perpétuel changement.
Aujourd'hui est un jour merveilleux ;
je choisis qu'il en soit ainsi.
Tout est bien dans le monde qui est le mien.*

CHAPITRE SEPT

Comment changer

« Je franchis les ponts dans la joie et l'aisance. »

J'adore les « comment ». Toutes les théories dans ce monde demeurent vaines si nous ne savons comment les appliquer et entamer un changement. Je suis une personne pragmatique et pratique, qui aime savoir comment agir.

Maintenant, nous allons travailler avec les principes suivants :

Le désir de lâcher prise,
Le contrôle de l'esprit,
L'apprentissage du pardon envers soi et les autres, afin de se libérer.

L'élimination du besoin

Parfois, lorsque nous essayons de nous libérer d'un schéma, la situation paraît empirer pendant un certain temps. Ce n'est pas une mauvaise chose, mais le signe que la situation commence à évoluer. Nos affirmations agissent ; il nous faut donc poursuivre notre travail.

Exemples

Nous perdons notre portefeuille alors que nous travaillons à accroître notre prospérité.

Nous avons une querelle juste quand nous travaillons à améliorer nos relations.

Nous travaillons sur notre santé et nous tombons malades.

Nous perdons notre emploi alors même que nous essayons d'améliorer nos capacités créatives.

Il arrive aussi parfois que le problème prenne une autre direction, ce qui nous permettra de mieux le cerner. Par exemple, supposons que vous essayiez d'arrêter de fumer et que vous vous disiez : « Je veux me libérer de mon besoin de cigarettes. » Ce faisant, vous remarquez une dégradation de vos relations. Ne désespérez pas : c'est le signe du déclenchement du processus.

Il se peut alors que vous vous demandiez : « Ai-je le désir de me débarrasser de mes relations insatisfaisantes ? Mes cigarettes créent-elles un écran de fumée qui m'empêche de voir la réalité ? Pourquoi est-ce que je crée ces relations ? »

Vous vous rendez compte que les cigarettes ne sont qu'un symptôme et non une cause. Vous développez maintenant une meilleure perception de votre personnalité qui vous permettra de vous libérer.

Vous commencez à vous dire : « Je désire me libérer du "besoin" de mes relations insatisfaisantes. »

Puis vous vous rendez compte que vous êtes insatisfait parce que les autres semblent vous critiquer sans cesse.

Étant conscient du fait que nous créons nos expériences, vous commencez à vous dire : « Je veux me libérer de mon besoin de me faire critiquer. »

Puis vous songez que vous avez été l'objet d'abondantes critiques pendant votre enfance. L'enfant en vous ne peut se sentir dans son environnement « normal » que s'il est critiqué. Votre « écran de fumée » vous permettait de ne pas le voir.

Peut-être l'étape suivante sera-t-elle l'affirmation : « Je suis prêt à pardonner... »

En continuant ainsi, vous vous rendez probablement compte que votre besoin de cigarettes décroît en même temps que votre entourage cesse de vous critiquer. Alors vous savez que vous vous êtes libéré de votre besoin.

Ces résultats ne sauraient s'obtenir en un clin d'œil ; mais si vous êtes prêt à persister avec calme et patience, ainsi qu'à vous accorder chaque jour quelques instants de réflexion quant à votre processus d'évolution, vous obtiendrez les réponses à vos problèmes. L'Intelligence qui vous habite est la même que celle qui a créé toute cette planète. Faites confiance à votre Guide Intérieur : il vous révélera tout ce que vous avez besoin de savoir.

EXERCICE : LA LIBÉRATION DU BESOIN

Si maintenant nous participions à une séance de groupe, je vous ferais faire cet exercice avec un partenaire. Mais un miroir, grand si possible, fera l'affaire.

Pensez à quelque chose que vous aimeriez changer dans votre vie. Regardez-vous dans le miroir et dites à haute voix : « Je comprends maintenant que j'ai créé ce problème ; je désire me libérer du schéma dans ma conscience qui en est la cause. » Répétez cette affirmation plusieurs fois, avec conviction.

Si vous étiez en face d'un partenaire, celui-ci vous demanderait de prouver que votre désir est vraiment sincère et vous devriez le *convaincre*.

Demandez-vous donc si votre intention est réelle. Persuadez-vous, face au miroir, que cette fois-ci vous vous sentez prêt à vous libérer des chaînes du passé.

Arrivées à ce point, beaucoup de personnes prennent peur car elles ignorent COMMENT procéder à cette libération. Elles craignent de s'engager dans un processus dont elles ne connaissent pas toutes les implications. Il ne s'agit que d'une manifestation supplémentaire de votre résistance. A vous de la dépasser.

C'est remarquable, mais nous n'avons pas besoin de savoir comment ; nous n'avons besoin que de notre volonté. L'Intelligence Universelle ou votre inconscient se chargeront du « comment ». Il y a une réponse à chacune de vos pensées et de vos paroles ; en outre, votre pouvoir se trouve dans le moment présent. Les pensées qui traversent votre esprit et les paroles que vous formulez maintenant créeront votre avenir.

Votre esprit est un outil

Vous êtes beaucoup plus que votre esprit, dont vous imaginez peut-être qu'il est votre maître, simplement parce que vous vous êtes habitué à penser ainsi. En fait, vous pouvez le déconditionner.

Votre esprit est un outil dont vous pouvez disposer à votre guise. La manière dont vous l'utilisez aujourd'hui n'est que le résultat d'une habitude. Toutes les habitudes peuvent être changées, pour autant qu'on le désire ou que l'on sache que cela est possible.

Faites un moment le silence dans votre esprit et réfléchissez à cette idée : *MON ESPRIT EST UN OUTIL QUE JE PEUX UTILISER COMME JE L'ENTENDS.*

Les pensées que vous « choisissez » de penser créent vos expériences. Si vous croyez difficile de changer une habitude ou une pensée, le fait d'avoir choisi cette pensée en fera une vérité pour vous. En revanche, si vous choisissez de croire : « Il me devient plus facile d'effectuer des changements », le choix de cette pensée fera d'elle une vérité pour vous.

Le contrôle de l'esprit

Il réside en vous une force et une intelligence incroyables qui répondent constamment à vos pensées et paroles. Vous pourrez maîtriser cette force en contrôlant votre esprit par le choix conscient de vos pensées.

Ne pensez plus que votre esprit est votre maître, mais bien au contraire que vous le dominez. C'est vous qui vous en servez et vous pouvez cesser de penser selon vos anciens schémas.

Quand ils tentent de remonter à la surface et que vous vous affirmez : « Il est si difficile de changer », reprenez vite le contrôle de votre mental. Dites à votre esprit : « Je choisis maintenant de penser qu'il devient plus facile pour moi d'effectuer des changements. » Vous devrez peut-être le répéter à votre esprit jusqu'à ce qu'il admette que vous êtes son maître et qu'il obéisse à vos ordres.

Seule votre pensée du moment est contrôlable

Vos anciennes pensées ont disparu ; vous ne pouvez plus rien faire à leur propos, excepté en finir avec les expériences qu'elles ont amenées. Vos pensées futures ne sont pas encore formées et vous ignorez ce qu'elles seront, mais vous maîtrisez totalement votre pensée actuelle, celle qui vous traverse l'esprit à cet instant précis.

Exemple

Imaginez un petit enfant à qui l'on n'a jamais imposé une heure pour se coucher. Un jour, vous décidez qu'il doit dorénavant aller au lit tous les soirs à huit heures. A votre avis, que se passera-t-il le premier soir ?

Il se révoltera contre cette nouvelle règle, protestera, pleurera et tentera de rester debout le plus tard possible. Si vous lui cédez cette première fois, il aura gagné et cherchera à avoir toujours le dessus.

Cependant, si vous maintenez fermement votre décision, la révolte diminuera peu à peu jusqu'à ce que s'établisse une nouvelle routine.

Le processus est comparable pour votre esprit. Il est évident qu'il se révoltera au début. Il refuse cette rééducation, mais vous êtes le maître ; et si vous restez centré et décidé, il faudra peu de temps pour qu'une nouvelle structure mentale s'établisse. Et vous constaterez avec bonheur que *vous n'êtes pas la victime impuissante de vos propres pensées, mais en vérité le maître de votre esprit.*

EXERCICE : LÂCHER PRISE

En lisant ces lignes, inspirez profondément et expirez en libérant votre corps de toute tension. Relaxez votre cuir chevelu, votre front et votre visage. Il n'est pas nécessaire que les muscles de votre tête soient tendus pendant votre lecture. Détendez votre langue, votre gorge et vos épaules. Vous pouvez tenir un livre sans que vos mains ou vos bras soient crispés. Faites-le maintenant. Laissez votre dos, votre abdomen et votre bassin se détendre. Calmez votre respiration en même temps que vous détendez vos jambes et vos pieds.

Ressentez-vous un changement notable dans votre corps depuis que vous avez commencé à lire ce paragraphe ? Remarquez à quel point vous persistez à vous crisper ; si vous le faites avec votre corps, vous le faites aussi avec votre esprit.

Dans votre position détendue et confortable, dites-vous : « Je suis décidé à lâcher prise. Je relâche. Je laisse aller. Je relâche toute tension. Je libère toute crainte. Je libère toute colère. Je libère toute culpabilité. Je libère toute tristesse. J'abandonne tous mes blocages. Je me libère et je me sens en paix. Je suis en paix avec moi-même. Je suis en harmonie avec la vie. Je suis en sécurité. »

Effectuez cet exercice deux ou trois fois. Sentez combien il est agréable de lâcher prise. Répétez l'exercice chaque fois que vous sentez survenir des difficultés. En peu de temps, il fera partie de vous. D'autre part, cet état de relaxation permet à vos affirmations d'agir plus vite. Vous êtes plus ouvert et réceptif à elles. Il n'est nullement nécessaire de lutter ou de se crisper. Détendez-vous simplement et ayez des pensées positives. Oui, c'est facile.

La détente physique

Nous avons parfois besoin de détente physique, quand des expériences ou des émotions se sont inscrites dans notre corps. On peut alors par exemple hurler dans sa voiture (vitres fermées !), ce qui s'avère très relaxant si l'on a dû se retenir verbalement. Frapper son lit ou un coussin des pieds ou des poings est une manière inoffensive de relâcher une colère retenue, tout comme le sont une partie de tennis ou une course à pied.

Il n'y a pas très longtemps, j'ai souffert pendant deux jours d'une douleur dans l'épaule. J'ai essayé de l'ignorer, mais en vain. Je me suis finalement assise pour me demander : « Que se passe-t-il donc ? Qu'est-ce que je ressens ? »

« Je ressens une brûlure. Brûlure… brûlure… cela signifie colère. Contre quoi es-tu en colère ? »

Je ne trouvais pas de réponse à cette question ;

alors, pour y parvenir, j'ai placé deux gros coussins sur mon lit pour les frapper de toutes mes forces.

La réponse survint après une douzaine de coups ; je continuai à frapper les coussins en y mettant encore plus d'énergie, afin de libérer mon corps de ses émotions. Je me suis vite sentie beaucoup mieux et le lendemain, ma douleur à l'épaule avait disparu.

Comment le passé vous retient prisonnier

De nombreuses personnes viennent me trouver pour me dire qu'*elles ne peuvent pas se sentir bien aujourd'hui en raison d'un événement antérieur.* Parce qu'autrefois elles n'ont pas fait ou mal fait telle action, il leur est actuellement impossible de vivre bien. Ou parce qu'il leur manque quelque chose qu'elles possédaient autrefois, elles ne peuvent être heureuses. Parce qu'on leur a fait du mal autrefois, elles refusent l'amour aujourd'hui. Parce que l'une de leurs actions a eu des conséquences négatives, elles sont persuadées qu'elles n'obtiendront pas de meilleurs résultats aujourd'hui. Parce qu'elles regrettent une action, elles sont persuadées d'être à jamais condamnables. Parce qu'un jour quelqu'un les a entravées dans leurs actions, elles sont aujourd'hui convaincues que c'est entièrement la faute de cette personne si elles n'ont pas atteint leur but. Parce qu'une situation passée leur a déplu, elles perpétuent ce déplaisir. Parce qu'elles furent une fois maltraitées, elles se refusent pour toujours à pardonner.

Je n'ai pas été invité à cette fête, donc je ne peux pas être heureux aujourd'hui.

J'ai raté ma première audition, donc j'aurai peur à toutes les auditions qui se présenteront.

Je ne suis plus marié, donc ma vie ne peut plus être satisfaisante.

Ma première relation fut un échec, donc je ne peux plus être ouvert à l'amour.

Une fois je fus blessé par une remarque, donc je ne ferai plus jamais confiance à personne.

Une fois j'ai commis un vol, donc je dois me punir pour le restant de mes jours.

Enfant, j'étais pauvre, donc je ne m'en sortirai jamais.

Nous refusons souvent de nous rendre compte que NOUS NOUS FAISONS DU MAL en nous accrochant au passé. En nous interdisant de vivre pleinement aujourd'hui, c'est à nous que nous nuisons.

Le passé est passé et ne peut plus être changé. Nous n'avons que le moment présent. Même quand nous nous rongeons à cause du passé, c'est maintenant que nous vivons ces souvenirs qui nous privent de l'expérience offerte par le présent.

EXERCICE : LÂCHER PRISE

Nettoyons maintenant notre mental du passé. Libérons-le de ses attaches émotionnelles. Que les souvenirs ne soient rien de plus que des souvenirs.

Si vous songez aux vêtements que vous portiez l'année de votre baccalauréat, il est peu probable que cela suscite une émotion en vous : il ne s'agit que d'un souvenir.

Il peut en être de même pour tous les événements passés que nous avons vécus. En nous libérant, il nous devient possible d'utiliser tout notre potentiel mental pour jouir de ce moment et pour nous créer un avenir heureux.

Dressez la liste de tout ce dont vous désirez vous libérer. Quelle est la force de ce désir? Prenez conscience de vos réactions. Que devez-vous faire afin de vous libérer de ces souvenirs? Êtes-vous prêt à agir? Quel est votre degré de résistance?

Le pardon

Prochaine étape : *le pardon*. En nous pardonnant ainsi qu'aux autres, nous nous libérons du passé. Le *Cours sur les miracles* répète constamment que le pardon est pratiquement la réponse à toute chose. Je sais que lorsque nous sommes bloqués, cela signifie qu'il y a encore à pardonner. Si nous ne sommes pas libres dans le moment présent, c'est que nous nous accrochons au passé : un regret, de la tristesse, une blessure, de la peur ou de la culpabilité, de la colère, un reproche, de la rancœur et parfois même un désir de vengeance. *Chacun de ces états découle d'un refus de pardonner, de se libérer et de vivre entièrement le présent.*

L'amour est toujours la solution pour toute forme de guérison. Et le chemin qui mène à l'amour est le pardon. Le pardon dissout la rancœur. Mon approche est ici multiple.

EXERCICE :
LA DISSOLUTION DE LA RANCŒUR

Emmet Fox propose pour dissoudre sa rancœur un exercice qui a fait ses preuves. Il vous recommande de vous asseoir calmement, de fermer les yeux et de relaxer votre esprit et votre corps. Vous imaginez ensuite que vous êtes assis dans un théâtre sombre, face à une petite scène. Placez sur cette scène la personne à qui vous en voulez le plus, appartenant à votre passé ou à votre présent, vivante ou morte. Une fois que vous la voyez clairement, visualisez qu'il lui arrive des choses agréables, voyez-la heureuse et souriante.

Gardez cette image à l'esprit pendant quelques minutes, puis laissez-la disparaître. J'aime ajouter à cet exercice un élément supplémentaire : la personne en question quitte la scène ; vous y montez. Des événements positifs vous arrivent ; vous vous voyez heureux et souriant. Soyez conscient que la richesse de l'Univers est à la disposition de tous.

Cet exercice permet de dissoudre les nuages noirs de la rancœur qui habitent la plupart d'entre nous. Cela ne sera pas simple pour tout le monde. Chaque fois que vous effectuerez cet exercice, vous y verrez peut-être une personne différente. Faites-le une fois par jour pendant un mois et remarquez combien vous êtes soulagé.

EXERCICE : LA VENGEANCE

Les personnes qui font un travail spirituel connaissent l'importance du pardon. Pour certains d'entre nous, il faut franchir une étape préalable au pardon total. Il peut arriver que le petit enfant en nous désire se venger avant de pouvoir pardonner. Cet exercice se révèle alors utile.

Asseyez-vous, fermez les yeux et détendez-vous. Pensez à la personne à qui il vous est le plus difficile de pardonner. Qu'aimeriez-vous lui faire ? Que doit-elle faire pour obtenir votre pardon ? Imaginez que cela arrive maintenant. Faites cette visualisation dans tous ses détails. Pendant combien de temps désirez-vous qu'elle souffre ou qu'elle se repente ?

Quand c'est assez pour vous, décidez que tout cela est terminé. Vous devriez normalement vous sentir soulagé et envisager plus facilement de pardonner. Ne faites pas cet exercice tous les jours, mais une fois seulement. Comme exercice pour marquer une étape, il est libérateur.

EXERCICE : LE PARDON

Maintenant, vous êtes prêt à pardonner. Faites cet exercice avec un partenaire si possible, ou à haute voix si vous êtes seul.

Une fois de plus, asseyez-vous, détendez-vous et fermez les yeux. Dites : « Je dois pardonner à… et je te pardonne pour… »

Répétez cette phrase en changeant de personne. Vous aurez beaucoup de choses à pardonner à certains, peut-être seulement une ou deux à d'autres. Si vous avez un partenaire, il vous dira : « Merci ; je te libère maintenant. » Si vous êtes seul, imaginez la personne à qui vous pardonnez vous le disant. Faites-le pendant au moins cinq à dix minutes. Sondez votre cœur pour y trouver les injustices qu'il porte encore. Puis laissez-les s'en aller.

Quand vous sentirez que vous vous êtes libéré le plus possible, reportez votre attention sur vous. Dites-vous à haute voix : « Je me pardonne pour… », et ceci pendant environ cinq minutes aussi. Ces exercices sont très efficaces et devraient s'effectuer au moins une fois par semaine pour débarrasser notre mental de tout résidu négatif. On se délivre facilement de certaines expériences, alors qu'il faut vraiment lutter avec d'autres avant qu'elles ne se dissolvent.

EXERCICE : VISUALISATION

Voici un autre bon exercice. Si possible, faites lire ce qui suit par quelqu'un ou enregistrez le texte et écoutez-le.

Commencez par visualiser l'enfant que vous étiez à cinq ou six ans. Regardez ce petit enfant dans les yeux, profondément. Remarquez l'attente, le désir qu'ils trahissent et prenez conscience que la seule chose que cet enfant attende de vous est l'amour. Tendez alors les bras et serrez-le contre vous avec amour et tendresse. Dites-lui combien vous l'aimez et tenez à lui. Admirez-le et dites-lui qu'il est normal de commettre des erreurs en apprenant à vivre. Promettez-lui de ne jamais l'abandonner. Maintenant réduisez la taille de cet enfant jusqu'à ce qu'il puisse entrer dans votre cœur et que vous voyiez son regard chaque fois que vous baissez les yeux ; vous pourrez ainsi lui donner tout votre amour.

Ensuite, visualisez votre mère quand elle était une petite fille de quatre ou cinq ans, craintive, demandant de l'amour, mais ne sachant où le trouver. Prenez-la dans vos bras, dites-lui combien vous l'aimez et tenez à elle. Dites-lui qu'elle pourra toujours compter sur vous. Dès qu'elle se sera apaisée, réduisez sa taille jusqu'à ce qu'elle puisse pénétrer dans votre cœur. Mettez-la à côté du petit enfant que vous étiez et laissez-les se donner de l'amour.

Maintenant, imaginez le garçon qu'était votre père à l'âge de trois ou quatre ans, lui aussi effrayé et en quête d'amour. Il pleure et ne sait à qui s'adresser. Vous êtes à présent accoutumé à rassurer les petits enfants affolés. Prenez-le dans vos bras, serrez son petit corps tremblant. Réconfortez-le. Communiquez-lui votre amour. Dites-lui qu'il pourra toujours compter sur vous. Une fois qu'il s'est apaisé, laissez-le devenir tout petit et mettez-le dans votre cœur. Ces trois enfants peuvent maintenant s'aimer et vous les aimez aussi.

* * *

Votre cœur contient assez d'amour pour guérir la Terre entière. Mais pour l'instant, utilisez cet amour pour votre guérison. Sentez la chaleur, la douceur et la bonté qui commencent à rayonner dans votre cœur. Faites que ce sentiment change votre manière de penser et de parler de vous-même.

L'Univers infini dans lequel je vis
est complet et parfait.
Le changement est une loi naturelle de ma vie.
Je l'attends avec bonheur.
Je suis d'accord de changer. Je choisis
de changer ma pensée.
Je choisis de changer les mots que j'utilise.
Je franchis, dans l'aisance et la joie,
le pont qui relie le passé au présent.
Il m'est plus facile de pardonner
que je ne le pensais.
Le pardon me permet de me sentir libre et léger.
C'est avec joie que j'apprends à m'aimer
toujours davantage.
Plus je me libère de ma rancœur,
plus je peux exprimer mon amour.
Je me sens bien en changeant mes pensées.
J'apprends à faire de ce jour
un moment de bonheur.
Tout est bien dans le monde qui est le mien.

CHAPITRE HUIT

La construction du neuf

« J'ai facilement accès aux réponses
que je porte en moi. »

Je ne veux pas être gros.
Je ne veux pas être « fauché ».
Je ne veux pas être vieux.
Je ne veux pas vivre ici.
Je ne veux pas avoir cette relation.
Je ne veux pas ressembler à mon père/ma mère.
Je ne veux pas être prisonnier de cet emploi.
Je ne veux pas de ce nez/ce corps/ces cheveux.
Je ne veux pas rester seul.
Je ne veux pas être malheureux.
Je ne veux pas être malade.

Tout ce sur quoi vous portez votre attention prend de l'importance

Les phrases ci-dessus montrent que nous avons appris à combattre mentalement ce qui est négatif — comme si cela nous amenait automatiquement le positif. Mais les choses ne fonctionnent pas ainsi.

Combien de fois vous êtes-vous plaint de ce qui ne vous satisfaisait pas ? Y avez-vous gagné ce que vous vouliez ? Si vous désirez réellement obtenir des changements dans votre vie, vous perdrez votre temps si vous le faites en luttant contre le négatif. *Plus vous insistez sur ce que vous ne voulez pas, plus vous renforcez cette chose. Vous n'êtes probablement pas débarrassé des aspects de votre vie ou de votre personne que vous avez toujours détestés.*

Ce sur quoi vous focalisez votre pensée aura tendance à se développer pour devenir permanent dans votre vie. Oubliez le négatif afin de consacrer votre énergie à ce que vous *désirez réellement* être ou avoir. Transformons les déclarations négatives ci-dessus en affirmations positives :

Je suis mince.
Je suis riche.
Je suis éternellement jeune.
Je déménage dans un endroit plus agréable.
Je vis une nouvelle relation merveilleuse.
Je suis moi-même.
J'adore mon nez/mon corps/mes cheveux.
Je suis plein d'amour et d'affection.
Je suis heureux et libre.
Je suis en excellente santé.

Affirmations

Apprenez à penser avec des affirmations positives. Tout ce que vous dites constitue une affirmation ; nous pensons trop souvent en négatif. Les déclarations négatives ne font qu'attirer davantage ce que vous dites ne pas désirer. Vous n'obtiendrez rien en disant : « Je déteste mon travail. » En revanche, si vous déclarez : « J'accepte un nouvel emploi magnifique », votre conscience vous ouvrira de nouvelles possibilités pour que cela se réalise.

Vous devez toujours formuler ce que vous voulez sous forme d'affirmations positives. Utilisez toujours le *PRÉSENT*, c'est important. Dites : « Je suis » ou « J'ai ». Votre inconscient est tellement obéissant que si vous dites : « J'aurai », l'objet de vos désirs demeurera toujours dans le futur, c'est-à-dire hors de votre portée !

L'amour de soi

Comme je l'ai souligné auparavant, quel que soit le problème, le travail doit principalement porter sur *L'AMOUR DE SOI*. C'est la « baguette magique » qui résout les problèmes. Essayez de vous souvenir de moments où vous vous êtes senti bien dans votre peau et où tout allait bien. Souvenez-vous, quand vous étiez amoureux, il vous semblait n'avoir aucun problème. Eh bien, en vous aimant, vous allez attirer à vous tant de sentiments et d'éléments positifs que vous serez transporté de joie. *LE FAIT DE S'AIMER REND HEUREUX.*

Il vous est impossible de vous aimer vraiment tant que vous ne vous approuvez pas et ne vous acceptez pas. Toute critique est exclue. Déjà je vous entends objecter :

« Mais je me suis toujours critiqué. »

« Comment diable puis-je aimer cet aspect de ma personne ? »

« Mes parents/maîtres/partenaires m'ont toujours critiqué. »

« Qu'est-ce qui me motivera alors ? »

« Mais ce ne serait pas bon pour moi. »

« Comment pourrai-je changer si je ne me critique pas ? »

Éduquer son esprit

La critique de soi-même est le signe d'un esprit fonctionnant selon ses vieux schémas. Voyez comment vous avez habitué votre esprit à vous juger et à résister à tout changement. Ne tenez pas compte de ces pensées et allez de l'avant dans ce travail important !

Retournons à un exercice que nous avons fait tout à l'heure. Regardez-vous dans un miroir et dites : « Je m'aime et je m'approuve tel que je suis. »

Que ressentez-vous ? Notre travail sur le pardon rend-il cette affirmation plus facile à faire ? S'approuver et s'accepter sont la clé des évolutions positives.

A l'époque où je me dévalorisais beaucoup, il m'arrivait de me gifler. Je n'avais aucune notion de l'acceptation de soi. Je croyais si fort à mes manques et à mes limites que rien de ce que me disaient les autres ne comptait. Si quelqu'un m'aimait, je demandais immédiatement : « Pourquoi ? Que peut-on me trouver de bien ? » Ou alors j'avais cette réaction classique : « Si on savait ce que je suis *réellement*, on ne m'aimerait pas. »

Je n'étais pas consciente que tout ce qui est bien commence par l'acceptation et l'amour de soi. Il me fallut un certain temps pour développer une relation paisible et positive avec *moi-même*.

Au début, je recherchais les petites choses que j'estimais être des qualités. Cela m'aida déjà et ma santé s'améliora. Une bonne santé commence avec l'amour de soi. Il en est de même pour la prospérité, l'amour et la créativité. Par la suite, j'appris à aimer tous les aspects de moi-même, même ceux que je considérais comme des faiblesses. Les vrais progrès débutèrent à ce moment-là.

EXERCICE : JE M'APPROUVE

J'ai conseillé cet exercice à des dizaines de gens ; ses résultats sont extraordinaires. Pendant le mois à venir, répétez-vous fréquemment : *« JE M'APPROUVE. »*

Faites-le au moins trois à quatre cents fois par jour. Non, il n'y a là rien d'exagéré. Quand un problème vous tourmente, vous y pensez aussi souvent. Faites que cette affirmation devienne pendant quelque temps un leitmotiv omniprésent dans votre pensée.

Cette affirmation vous permettra à coup sûr d'amener à la conscience tout ce qui, en vous, s'y oppose.

Lorsque des pensées négatives telles que « Comment peux-tu t'approuver en étant si gros ? » ou « Il est stupide de croire à l'efficacité de cette affirmation» ou «Il n'y a rien de bon en toi», ou tout autre bavardage intérieur négatif se manifestant, cela signifie qu'*il est temps* de reprendre le contrôle du mental. N'accordez aucune importance à ces pensées; considérez-les pour ce qu'elles sont, c'est-à-dire encore un frein à votre évolution. Dites-leur simplement : «Je me libère de toi car je m'approuve. »

Rien que l'idée de cet exercice risque d'entraîner des objections telles que «C'est ridicule», «Cela sonne faux», «C'est un mensonge», «C'est prétentieux» ou encore «Comment pourrais-je m'approuver quand j'agis ainsi ? » Laissez-les passer car elles ne sont que des formes de résistance sans aucun pouvoir sur vous (à moins que vous ne décidiez de croire en elles !).

«Je m'approuve, je m'approuve, je m'approuve. » Quoi qu'il arrive, quoi que l'on vous dise ou vous fasse, continuez. En vérité, si vous pouvez vous le dire lorsque quelqu'un vous contrarie, ce sera le signe que vous êtes engagé sur la voie du changement et de l'évolution.

Les pensées n'ont aucune prise sur nous à moins que nous ne les y autorisions. Elles ne sont qu'une succession de mots. Elles n'ont AUCUNE SIGNIFICATION. Nous seuls leur en donnons une. Choisissons donc des pensées qui nous soutiennent et nous renforcent.

L'acceptation de soi nous libère des opinions des autres. Si je me trouvais maintenant à côté de vous et si je vous répétais inlassablement : «Vous êtes un cochon mauve, vous êtes un cochon mauve», soit vous vous moqueriez de moi, soit vous vous fâcheriez et penseriez que je suis folle ; je doute fort que vous me croyiez. Et pourtant, nous avons sur nous-mêmes beaucoup de croyances tout aussi incongrues. Croire que votre valeur dépend de votre silhouette est votre façon de croire que «vous êtes un cochon mauve».

Il arrive fréquemment que ce que nous considérons comme nos « défauts » soit l'expression de notre personnalité, ce en quoi nous sommes uniques. La nature ne se répète jamais. Depuis que cette planète existe, il n'y a jamais eu deux gouttes de pluie ou deux flocons de neige identiques. Chaque marguerite se distingue de ses semblables. Nos empreintes digitales sont différentes et nous le sommes aussi. *Nous avons été conçus différents et uniques. En acceptant cette vérité, nous cesserons de nous comparer et de nous mesurer aux autres.* Essayer d'être comme un autre revient à refuser la grandeur de notre âme. Nous sommes venus dans ce monde pour exprimer qui nous *sommes.*

Je ne savais même pas qui j'étais avant que je n'apprenne à m'aimer telle que je suis.

Mettez votre conscience en pratique

Ayez des pensées qui vous rendent heureux. Effectuez des actions dont vous soyez content. Recherchez la compagnie de gens avec qui vous vous sentez bien. Mangez les aliments qui satisfont votre corps. Adoptez un rythme de vie qui vous convient.

La graine que nous semons

Imaginez un plant de tomates. Un plant vigoureux produit une récolte abondante. Et de quoi vient-il ? D'une petite graine desséchée qui ne lui ressemble en rien. Si vous ne le saviez pas, vous n'oseriez même pas imaginer qu'elle puisse donner naissance à un magnifique plant. Cependant, disons que vous l'avez planté dans un sol fertile et ensoleillé.

Quand la première pousse apparaîtra, vous n'allez pas l'arracher, en vous exclamant : « Ce n'est pas un plant de tomates ! » Bien au contraire, vous vous direz : « Oh joie, le voici qui sort de terre ! » et vous le regarderez pousser avec plaisir. En lui accordant les soins voulus, vous obtiendrez plus tard une belle récolte de fruits savoureux. Tout est né de cette petite graine.

Il en va de même lorsque vous créez une nouvelle expérience en vous. Le sol est votre inconscient. La graine est la nouvelle affirmation. *La petite graine créera toute cette nouvelle expérience.* Vous l'arrosez de vos affirmations. Vous laissez le soleil de vos pensées positives rayonner sur elle. Vous désherbez le terrain en arrachant les pensées négatives qui surgissent. Et quand vous apercevez une première pousse, un premier signe, vous ne l'arrachez pas en pensant : « Cela ne suffit pas ! » Au contraire, vous vous dites avec bonheur : « Oh joie, j'obtiens un résultat ! »

Puis vous la regardez pousser et devenir la manifestation de votre désir.

EXERCICE :
CRÉER DE NOUVEAUX CHANGEMENTS

Il est maintenant temps de *prendre la liste de vos éléments négatifs et de les transformer en affirmations positives*. Vous pouvez aussi dresser la liste de tous les changements que vous voulez obtenir ; sélectionnez-en trois et transformez-les en affirmations positives.

Admettons que votre liste négative ressemble à ceci :
Ma vie est un gâchis.
Je devrais perdre du poids.
Personne ne m'aime.
Je veux déménager.
Je déteste mon travail.
Je devrais m'organiser.
Je n'en fais pas assez.
Je ne suis pas assez bien.
Elle pourra désormais prendre la forme suivante :
Je suis décidé à me libérer de la structure mentale qui a créé en moi ces éléments négatifs.
Je suis engagé dans un processus de changements positifs.
Mon corps est beau et mince.
Où que j'aille, je trouve de l'amour.
L'endroit que j'habite me convient tout à fait.
Je trouve un nouveau travail très intéressant.
Je suis maintenant très bien organisé.
J'apprécie tout ce que je fais.
Je m'aime et je m'approuve.
Je sais que la vie m'apportera ce qu'il y a de mieux pour moi.
Je mérite le meilleur et je l'accepte maintenant.

De ces affirmations naîtra tout ce que vous désirez changer sur votre liste. L'amour et l'acceptation de vous-même, la création d'un endroit sécurisant et votre confiance permettront à votre corps de retrouver son poids normal. Ils créeront une meilleure organisation de votre esprit, des relations pleines d'amour, un nouvel emploi et un nouveau domicile. La croissance d'un plant de tomate relève du miracle, la réalisation de nos désirs aussi.

Mériter le positif

Pensez-vous mériter ce que vous désirez ? Si ce n'est pas le cas, vous ne vous l'accorderez pas. Vous serez confronté à de plus en plus de circonstances qui échapperont à votre contrôle et qui s'ajouteront à vos frustrations.

EXERCICE : JE MÉRITE

Regardez-vous une fois de plus dans un miroir et dites : « Je désire avoir/être… et je l'accepte dès maintenant », ceci deux ou trois fois.

Comment vous sentez-vous ? Soyez toujours à l'écoute de vos sentiments et des réactions de votre corps. Ressentez-vous vraiment ce que vous dites ou doutez-vous toujours de votre valeur ?

Si vous sentez en vous des réactions négatives, affirmez-vous : « Je me libère de la structure mentale qui crée une résistance à ce qui m'est positif. Je mérite… » Répétez-vous cela jusqu'à ce que vous perceviez un sentiment d'acceptation, même si cela doit vous prendre plusieurs jours.

La philosophie holistique

Nous allons utiliser une approche holistique dans notre Construction du Nouveau. La philosophie holistique consiste à nourrir l'être dans son entier — le Corps, le Mental et l'Esprit. Si nous négligeons l'un de ces domaines, nous ne pourrons être des humains à part entière ; quelque chose nous fera toujours défaut. Peu importe par où nous commençons, pourvu que nous intégrions ces trois domaines dans notre travail.

Si nous commençons par le corps, il est judicieux d'aborder la nutrition, d'apprendre à connaître les interférences entre nos aliments et nos boissons, et leur influence sur notre personne. Nous devons opérer le meilleur choix pour notre corps, donc ne pas ignorer les plantes médicinales et les vitamines, l'homéopathie et les remèdes de Bach, et parfois essayer l'irrigation colonique.

Nous devrons aussi recourir à une activité corporelle qui nous convienne et nous permette de garder un corps jeune et sain. Outre les sports et la natation, la danse, le tai-chi, les arts martiaux et le yoga constituent des apports bénéfiques. Personnellement, je fais un usage quotidien de mon trampoline ainsi que des exercices de relaxation sur une planche inclinée.

Nous pouvons aussi nous intéresser aux formes de travail corporel que sont le Rolfing, le Heller ou le Tragger. Les massages, la réflexologie plantaire, l'acupuncture ou la chiropractie ne peuvent être que bénéfiques. De même la Méthode Alexander, la bio-énergie, la Méthode Feldenkrais, le Reiki et l'acupressure.

Dans le domaine du mental, nous pouvons explorer les techniques de visualisation, l'imagerie guidée et les affirmations. Les techniques psychologiques foisonnent : la gestalt, l'hypnose, le rebirth, le psychodrame, l'exploration des vies antérieures, les thérapies artistiques, ainsi que le travail sur le rêve.

La méditation, sous toutes ses formes, est remarquablement efficace pour détendre l'esprit et permettre à notre « savoir intérieur » de venir à la surface. Habituellement, je m'assieds, les yeux fermés, me dis : « Que dois-je savoir ? » et attends tranquillement la réponse. Si elle arrive, tant mieux ; dans le cas contraire, je sais qu'elle me sera révélée sous peu.

Il existe des *groupes* qui participent à des ateliers d'introspection, de travail relationnel, d'actualisation et bien d'autres démarches. Ces ateliers se déroulent souvent le week-end et nous permettent de nous ouvrir à une nouvelle compréhension de l'existence. Un atelier ne saurait résoudre définitivement *tous* vos problèmes ; en revanche, il vous aidera dans votre travail d'évolution.

Dans le domaine spirituel, nous trouvons la prière, la méditation et tout ce qui nous relie à la Source Supérieure. Pour moi, les exercices du pardon et de l'amour inconditionnel appartiennent aux pratiques spirituelles.

Il existe de nombreux groupements spirituels. En plus de l'Église traditionnelle, nous trouvons les Églises métaphysiques, les religions orientales, la méditation transcendantale, etc.

J'aimerais que vous sachiez que vous pouvez explorer d'innombrables domaines. Si l'un d'eux ne vous satisfait pas, essayez-en un autre ; il est certain que vous trouverez celui qui vous convient. Ce n'est pas moi qui pourrais vous l'indiquer ; il vous appartient de le découvrir. Il n'existe pas une méthode, une personne ou un groupe unique qui possède toutes les réponses pour tout le monde. Je ne les possède pas ; je ne représente qu'un jalon parmi d'autres sur le chemin de la santé holistique.

L'Univers infini dans lequel je me trouve
est complet et parfait.
Ma vie est sans cesse nouvelle.
Chaque instant de ma vie est nouveau et intense.
J'utilise ma pensée affirmative pour créer
exactement ce que je veux.
Ceci est un jour nouveau. Je suis
une nouvelle personne.
Je pense différemment. Je parle différemment.
J'agis différemment. Les autres
me traitent différemment.
Mon monde nouveau reflète ma nouvelle pensée.
Quelle joie de semer de nouvelles graines,
car je sais que ces graines donneront naissance
à mes nouvelles expériences !
Tout est bien dans le monde qui est le mien.

CHAPITRE NEUF

La pratique quotidienne

« J'aime exercer mes nouvelles
possibilités mentales. »

Un enfant qui renoncerait
dès sa première chute
n'apprendrait jamais à marcher

Il faut un certain temps pour assimiler ce que nous ne connaissons pas et l'intégrer dans notre vie. Au début, un effort de concentration sera nécessaire et certains parmi nous choisiront de considérer cet apprentissage comme un « travail pénible ». Je n'aime pas cette idée, je préfère penser que je m'initie à quelque chose de nouveau.

Un processus d'apprentissage est toujours le même, quel que soit le sujet abordé — conduite automobile, dactylographie, tennis ou pensée positive. Nous commençons prudemment, avançons à tâtons, car notre inconscient doit d'abord expérimenter ce qu'il ne connaît pas ; plus nous répétons une pratique, plus elle devient facile, son assimilation aussi. Vous n'obtiendrez pas la perfection dès le premier jour — cela va de soi — mais vous ferez votre possible. Cela suffit pour un bon départ.

Répétez-vous souvent : « Je fais de mon mieux. »

Encouragez-vous toujours

Je me souviens clairement de ma première conférence. En descendant du podium, je me suis dit : « Louise, tu as été magnifique et pourtant c'était la première fois. A la cinquième ou sixième conférence, tu seras une vraie professionnelle. »

Quelques heures plus tard, j'avais quelques idées pour m'améliorer, mais refusais catégoriquement de me critiquer.

Si j'étais descendue du podium en pensant : « Quelle mauvaise prestation, que de maladresses ! », la préparation de la conférence suivante serait devenue un enfer. En fait, elle fut meilleure que la première, et à la sixième conférence, je sentais que je maîtrisais parfaitement cet aspect de ma profession.

Soyons conscients de « la loi » qui agit autour de nous

Peu avant que je ne commence à écrire ce livre, j'ai acquis une machine de traitement de textes que j'ai nommée ma « compagne magique ». Pour moi, elle représentait un domaine inconnu auquel j'avais décidé de m'initier. J'ai découvert de nombreuses analogies entre l'apprentissage de l'utilisation d'un ordinateur et celui des Lois Spirituelles. Chaque fois que j'obéissais à ses lois, ma machine réagissait effectivement de manière « magique ». En revanche, si je ne les suivais pas à la lettre, elle refusait de fonctionner comme *je* le voulais. Elle ne m'accordait aucune concession. Peu importait le degré de mes frustrations, il fallait que je m'initie à ses lois pour qu'elle me réponde par son pouvoir magique. Que de temps et d'exercices furent nécessaires !

Ce que vous apprenez maintenant vous demandera un effort identique. Vous devez vous initier aux Lois Spirituelles et les suivre à la lettre. Vous ne pourrez pas les adapter à votre ancienne manière de penser. Vous devrez assimiler et suivre ce nouveau langage pour que la « magie » opère.

Consolidez votre apprentissage

Afin de rendre votre apprentissage plus efficace, je vous suggère de :

Méditer.
Écrire vos affirmations.
Exprimer votre gratitude.
Éprouver du plaisir à effectuer vos exercices.
Vous nourrir sainement.
Dire vos affirmations à haute voix.
Chanter vos affirmations.
Faire des exercices de relaxation.
Utiliser la visualisation, l'imagerie mentale.
Lire et étudier.

Mon travail quotidien

Mon propre travail quotidien se présente comme suit.

Le matin, avant même d'ouvrir les yeux, je pense que je dois être reconnaissante pour tout ce qui me vient à l'esprit.

Après ma douche, je consacre environ une demi-heure à la méditation, à mes affirmations et prières.

Puis je me livre à une activité physique (généralement sur mon trampoline) pendant un quart d'heure. Il arrive parfois que je suive le programme matinal d'aérobic à la télévision.

Je suis maintenant prête pour mon petit déjeuner composé de fruits, jus de fruits et tisane. Je remercie la nature de tous ses dons, ainsi que les aliments qui me donnent leur vie pour me nourrir.

Avant de déjeuner, j'aime me placer devant un miroir pour y exprimer quelques affirmations à haute voix ; parfois je les chante. Elles ressemblent à ceci :

Louise, tu es merveilleuse et je t'adore.

Ce jour est l'un des plus beaux de ta vie.

Tous les éléments contribuant à ton bonheur se mettent en place.

Tout ce que tu as besoin de savoir se révélera.

Tout est pour le mieux.

Généralement, une grande salade compose mon déjeuner. Là aussi, je remercie et bénis ma nourriture.

A la fin de l'après-midi, je m'allonge sur ma planche inclinée pour me relaxer profondément. Quelquefois, j'écoute aussi une cassette.

Mon dîner se compose de légumes cuits à la vapeur et de céréales entières. Je mange parfois du poisson ou du poulet. Je me sens mieux si ma nourriture est simple. J'aime partager mon dîner avec d'autres ; nous nous bénissons mutuellement ainsi que notre nourriture.

Je consacre souvent une partie de ma soirée à la lecture ou à l'étude. Nous avons toujours quelque chose à apprendre. Il se peut aussi que j'écrive mon affirmation de la journée, 10 ou 20 fois.

Avant de me coucher, je passe en revue mes pensées et mes activités de la journée, que je bénis. Je me dis que je dormirai profondément et paisiblement pour me réveiller reposée et l'esprit vif. Je me réjouis du lendemain.

Cela peut paraître beaucoup mais, rassurez-vous, il vous faudra peu de temps jusqu'à ce que votre nouvelle manière de penser vous devienne aussi naturelle que votre douche. Tout deviendra automatique et facile.

Je pense qu'une famille qui suit ensemble cette pratique en bénéficie énormément. La méditation collective en début de journée ou avant le dîner apporte paix et harmonie. Si vous estimez manquer de temps, essayez de vous lever une demi-heure plus tôt : cet effort sera largement récompensé.

Comment débutez-vous votre journée ?

Quels sont les premiers mots que vous prononcez en vous réveillant ? Sont-ils positifs ou négatifs ? Je me souviens de l'époque où je me réveillais en bougonnant : *« ENCORE UNE JOURNÉE ! »* Et ma journée se déroulait aussi mal que je l'avais prévu. Actuellement, avant même d'ouvrir les yeux, je remercie mon lit et l'agréable sommeil qu'il m'a offert, puisque nous avons passé la nuit ensemble, confortablement. Puis, toujours les yeux fermés, je consacre quelques minutes à témoigner ma reconnaissance pour tout le bien que la vie m'offre. Je programme un peu ma journée, sans oublier de m'affirmer que tout ira bien et que j'en serai très heureuse. Puis je me lève pour prier ou méditer.

La méditation

Accordez-vous quelques minutes de méditation par jour. Si vous n'en avez jamais pratiqué, cinq minutes suffiront. Asseyez-vous, détendez-vous, observez votre respiration et laissez vos pensées traverser librement votre esprit, sans leur attacher d'importance ; elles s'en iront d'elles-mêmes. N'essayez pas de vous en débarrasser car il est de la nature même de notre intellect de créer ces pensées.

Nombreux sont les ouvrages et les écoles qui fournissent un enseignement sur la méditation. Quel que soit votre point de départ, vous créerez rapidement la méthode qui vous convient le mieux. Personnellement, je m'assieds calmement et me demande : « Que dois-je savoir ? » La réponse se manifeste soit immédiatement, soit plus tard. Il n'y a ni bonne ni mauvaise méthode de méditation.

Une forme de méditation consiste à s'asseoir calmement et à observer sa respiration entrer et sortir de son corps. Comptez 1 en inspirant et 2 en expirant et ainsi de suite jusqu'à 10, puis recommencez à 1.

Une de mes clientes, apparemment très intelligente, vive et douée d'un solide sens de l'humour, se révélait incapable de vivre de manière équilibrée. Elle était obèse, toujours à court d'argent, frustrée profession-nellement, et n'avait pas connu de vie amoureuse depuis des années. Elle comprenait et assimilait très rapidement tous les concepts métaphysiques. Elle était presque trop intelligente, trop vive, ce qui l'empêchait de ralentir son rythme pour mettre en pratique les idées qu'elle comprenait si vite. La méditation quoti-dienne lui fut d'un grand secours. Nous l'avons débu-tée ensemble à raison de cinq minutes par jour, pour arriver progressivement à quinze ou vingt minutes.

EXERCICE : AFFIRMATIONS QUOTIDIENNES

Choisissez une ou deux affirmations et écrivez-les 10 à 20 fois par jour. *Lisez-les à haute voix*, avec enthousiasme. Composez-en une chanson et *chantez-la* avec allégresse. Imprégnez votre pensée de ces affirmations tout au long de la journée. Les affirma-tions constantes se transforment en croyances qui apporteront *toujours* des résultats, parfois de manière surprenante.

Une de mes affirmations repose sur l'idée que mes relations avec le propriétaire de mon appartement sont toujours excellentes. Mon dernier propriétaire à New York passait pour extrêmement difficile ; tous les locataires se plaignaient de lui. Je ne l'ai vu que trois fois pendant les deux années où j'ai vécu là. Avant de partir pour la Californie, je décidai de vendre tous mes objets afin de tirer un trait sur le passé. Je commençai par les affirmations suivantes :

> « Je vendrai mes objets facilement et rapidement. »
> « Le déménagement se fera sans problème. »
> « Tout fonctionne selon l'Ordre de Droit Divin. »
> « Tout va pour le mieux. »

Je refusai de penser aux difficultés que pourrait présenter la vente de mes objets ou comment je dormirais les nuits précédant mon départ. J'évitai toute pensée négative et me contentai d'effectuer mes affirmations. Mes clients et mes étudiants achetèrent mes livres et mes objets, jusqu'au moindre bibelot. Par lettre, j'informai mon propriétaire de ma décision de ne pas renouveler mon bail. A ma grande surprise, il me téléphona pour exprimer ses regrets et proposa même d'écrire une lettre de recommandation afin de m'aider à trouver un logement en Californie ; il me demanda aussi si j'étais d'accord de lui vendre mes meubles car il avait l'intention de relouer l'appartement meublé.

Ma Conscience Supérieure avait matérialisé deux de mes affirmations comme jamais je ne l'aurais imaginé : « Mes relations avec mon propriétaire sont toujours excellentes » et « Je vendrai mes objets rapidement et facilement. » Au grand étonnement des autres locataires, je pus donc dormir jusqu'au dernier moment dans mon lit, dans un appartement confortable, et *RECEVOIR DE L'ARGENT EN CONTREPARTIE !* Je quittai New York en emportant quelques vêtements et certains objets que je désirais garder, ainsi qu'un gros chèque. Je pris le train pour Los Angeles et fis un voyage magnifique.

Refusez de croire les pensées limitatives

A mon arrivée en Californie, j'eus besoin d'une voiture. Je m'adressai aux banques pour obtenir un crédit, qu'elles refusèrent (ma profession indépendante et mon appartenance au sexe « faible » n'arrangèrent sans doute rien !).

Je ne me laissai pas envahir par des pensées négatives quant aux banques et à ma situation. En attendant, je louai une voiture et m'affirmai constamment : « Je trouverai rapidement une voiture neuve. »

J'informai toutes les personnes que je rencontrais de mon désir. Quelque trois mois plus tard, je rencontrai une femme d'affaires qui me trouva d'emblée sympathique. Quand je lui expliquai mon problème, elle me répondit : « Oh, laissez-moi m'en occuper ! »

Elle appela une amie qui travaillait dans une banque, lui dit que j'étais une de ses amies et lui donna les meilleures références. Trois jours plus tard, je conduisais une magnifique voiture, dernier modèle.

Je pense qu'il me fallut ces trois mois à cause d'un blocage que j'avais envers le crédit. Je n'avais jamais effectué d'achat à tempérament auparavant, ce qui effrayait l'enfant en moi ; d'où le délai nécessaire jusqu'à ce que je trouve le courage de franchir ce pas.

EXERCICE : JE M'AIME

Je suppose que maintenant vous vous répétez constamment : «Je m'approuve», ce qui vous donne une base solide que je vous conseille de garder pendant au moins un mois.

Prenez maintenant un bloc de papier et écrivez en haut : *« JE M'AIME, PAR CONSÉQUENT... »*

Complétez cette phrase d'autant de façons que possible. Relisez-la tous les jours et ajoutez-y toute nouvelle pensée.

N'hésitez pas à travailler avec un partenaire si vous en avez la possibilité. Tenez-vous les mains et affirmez-vous alternativement : «Je m'aime, par conséquent... » Cet exercice aura comme principal résultat de vous faire prendre conscience que vous ne pouvez pas vous sous-estimer si vous vous affirmez que vous vous aimez.

EXERCICE : ACCORDEZ-VOUS
UNE NOUVELLE PERSONNALITÉ

Visualisez-vous obtenant, faisant ou devenant ce que vous désirez. N'oubliez aucun détail. Ressentez, voyez, goûtez, touchez, entendez. Observez les réactions de votre entourage face à votre nouvel état ; quelles qu'elles soient, ne les laissez pas vous influencer.

EXERCICE :
ÉLARGISSEZ VOTRE CONNAISSANCE

Lisez autant que possible des ouvrages qui élargiront votre connaissance des processus mentaux ; il en existe tant. Ce livre-ci ne représente qu'*UNE ÉTAPE* de votre chemin ! Recherchez d'autres points de vue. Écoutez aussi ce que disent d'autres personnes. Étudiez en groupe jusqu'à ce que vous ressentiez le besoin d'aller plus loin dans votre recherche.

Il s'agit du travail d'une vie. Plus vous apprendrez, plus vous connaîtrez, plus vous mettrez en pratique, mieux vous vous sentirez et plus belle sera votre vie. Ce travail vous permettra de *VOUS SENTIR BIEN* !

Les premiers résultats

En pratiquant le maximum de ces méthodes, vous obtiendrez rapidement des résultats. De petits miracles surviendront. Ce dont vous voulez vous débarrasser partira tout seul, ce que vous désirez obtenir surviendra comme par magie. Des événements inattendus récompenseront votre travail.

Une de mes premières surprises fut de constater, après quelques mois de travail mental, que j'avais rajeuni. Aujourd'hui je parais dix ans plus jeune qu'il y a une dizaine d'années !

Aimez ce que vous êtes, qui vous êtes et ce que vous faites. Riez de vous-même et de la vie et plus rien ne pourra vous déranger au cours de ce passage sur terre. Votre prochaine vie sera de toute manière différente ; pourquoi donc ne pas commencer dès maintenant ?

Lisez par exemple un des livres de Norman Cousins ; il a vaincu une maladie prétendue incurable grâce au rire ; et même s'il est vrai qu'il ne modifia pas la structure mentale qui causa sa maladie — il ne fit que la remplacer par une nouvelle structure —, il retrouva la santé grâce au rire.

Il existe tant de façons d'aborder la guérison. Essayez-les toutes et adoptez celles que vous préférerez.

Le soir, en vous couchant, fermez les yeux et exprimez votre gratitude pour ce que vous apporte la vie ; elle vous en apportera d'autant plus.

Évitez d'écouter ou de regarder les informations à la télévision avant de dormir, car elles sont en majorité consternantes et vous ne voulez pas en imprégner vos rêves. Les rêves effectuent un important nettoyage mental ; vous pouvez donc leur demander de vous aider dans votre travail. Vous obtiendrez ainsi fréquemment une réponse à votre réveil.

Endormez-vous paisiblement. Ayez confiance en la vie, car elle est de votre côté. Soutenez tout ce qui vous amènera le bonheur.

Votre travail ne doit en aucun cas représenter une pénitence, mais au contraire une source de joies, un jeu. A vous de choisir ! Même la pratique du pardon et l'élimination de la rancœur peuvent être agréables, si vous le désirez. Une fois de plus, vous pouvez inventer une petite chanson sur la personne ou la situation qui vous pose tant de problèmes ; cette chanson rendra le processus tellement plus aisé. J'inclus le rire, dès que possible, dans mon travail avec mes patients. Plus vite nous pouvons rire de leurs problèmes, plus il leur est facile de s'en défaire.

Si vous pouviez voir vos problèmes mis en scène par un grand comique, vous ririez aux éclats. Tragédie et comédie sont si proches. Tout dépend de votre point de vue ! «Que nous sommes ridicules, nous les mortels ! »

Utilisez tous les moyens qui rendront votre travail de transformation agréable et joyeux. Amusez-vous !

L'Univers infini dans lequel je me trouve
est complet et parfait.
Je m'accorde mon soutien,
la vie m'accorde le sien.
Je perçois les signes de la Loi ;
ils se manifestent autour de moi et partout.
La joie intervient dans mon apprentissage
et le rend plus efficace.
Mes jours débutent dans la joie et l'allégresse.
Je me réjouis des événements de la journée
car je sais que « Tout va bien » dans ma vie.
J'aime qui je suis et ce que je fais.
Je suis l'expression vivante, aimante et
joyeuse de la vie.
Tout est bien dans le monde qui est le mien.

TROISIÈME PARTIE

Pour concrétiser toutes ces idées

CHAPITRE DIX

Les relations

« Toutes mes relations sont harmonieuses. »

On pourrait croire que notre vie entière se compose de relations. Nous sommes en relation avec tout. Maintenant même, vous êtes entré en relation avec ce livre, avec mes concepts et avec moi.

Vos relations avec les objets, la nourriture, le temps et vos semblables reflètent chacune votre relation avec vous-même. Et la nature de cette relation dépendra principalement de vos anciennes relations d'enfant avec les adultes qui vous entouraient. La manière dont ces adultes réagissaient envers nous correspond souvent à notre manière de réagir, positivement ou négativement.

Pensez simplement aux termes que vous utilisez pour vous réprimander. Ne sont-ils pas ceux utilisés par vos parents lorsqu'ils vous grondaient ? Quels mots utilisaient-ils pour vous exprimer leur satisfaction ? Je mettrais ma main au feu que vous employez ces mêmes mots lorsque vous êtes content de vous.

Peut-être n'ont-ils jamais exprimé une quelconque satisfaction envers vous ; par conséquent vous ignorez comment être content de vous. Il est même possible que vous ne voyiez en vous rien qui mérite louange. Je ne veux pas blâmer nos parents car nous sommes tous victimes de victimes. En effet, comment auraient-ils pu nous enseigner ce qu'ils ignoraient ?

Sandra Ray, grande spécialiste du rebirth, a mené des études très poussées sur les relations. Elle affirme que nos relations les plus importantes reflètent toutes celles que nous avons entretenues avec l'un de nos parents. Elle affirme en outre que nous ne réussirons jamais à créer les relations que nous désirons tant que nous ne nous serons pas libérés de ce premier lien parental.

Nos relations nous renvoient notre image. Ce que nous attirons à nous reflète soit certaines de nos qualités, soit nos idées sur les relations. Ce concept s'applique aussi bien à un employeur, collègue, employé, ami, amant, époux qu'à un enfant. Ce que vous n'aimez pas chez ces personnes correspond à certains de vos propres comportements ou croyances. Ces individus composent votre entourage, car leur manière d'être correspond à un prolongement de votre personnalité.

EXERCICE : LES AUTRES ET MOI

Pensez à quelqu'un qui vous déplaît. Décrivez trois traits que vous n'aimez pas chez cette personne, que vous aimeriez qu'elle change.

Maintenant, observez-vous consciencieusement et demandez-vous : « En quoi me ressemble-t-elle et lesquelles de mes actions sont-elles identiques aux siennes ? »

Fermez les yeux et accordez-vous un certain temps de réflexion.

Demandez-vous ensuite si vous *DÉSIREZ CHANGER*.

Quand vous vous serez débarrassé de ces pensées et structures, ces personnes changeront d'elles-mêmes ou disparaîtront de votre entourage.

Si votre patron ne semble jamais satisfait, observez-vous. Soit cela correspond aussi à l'un de vos traits de caractère, soit vous pensez : « Les patrons ne sont jamais contents ! »

Si vous avez un employé qui néglige ce que vous lui demandez, regardez à quel niveau vous agissez de même et débarrassez-vous de cette structure. Il serait trop simple de le renvoyer ; cela n'éliminerait pas votre structure.

Si l'un de vos collègues refuse de coopérer et de s'intégrer à votre équipe, cherchez en vous la cause de cette situation. Quel niveau de votre personne refuse de coopérer ?

Si l'un de vos amis ne vous paraît pas digne de confiance, introspectez-vous. Comment se manifeste en vous ce trait de caractère ? Quand ne tenez-vous pas vos promesses ? Ou n'est-ce simplement qu'une croyance ?

Votre amant vous paraît froid et distant ; cherchez s'il existe en vous une croyance acquise par l'observation de vos parents qui vous pousse à croire que : « L'amour est un sentiment que l'on ne montre pas. »

L'attitude de votre conjoint vous agace et vous paraît insupportable. Consultez une fois encore les croyances originaires de votre enfance. L'un de vos parents avait-il des comportements agaçants ? En avez-vous aussi ?

Si l'un de vos enfants vous irrite par certains de ses

comportements, je parierais que vous les retrouverez chez vous. Les enfants apprennent en imitant les adultes qui les entourent. Débarrassez-vous donc de ces comportements et vous remarquerez qu'ils disparaîtront aussi chez vos enfants.

La *seule* manière de changer les autres consiste à préalablement opérer ce changement en soi. Modifiez vos structures et vous constaterez qu'« ils » changent aussi.

Vos reproches resteront sans effet. Ils signifient uniquement que vous abandonnez votre pouvoir. Gardez ce pouvoir, car sans lui, nous n'évoluerons pas et demeurerons des victimes impuissantes.

Comment attirer l'amour

L'amour survient au moment où nous l'attendons le moins, quand nous ne le recherchons pas. La « chasse » au partenaire ne permettra jamais de trouver l'âme sœur ; elle n'amènera que peine et déceptions. L'amour ne se situe jamais en dehors de nous, mais bien en notre for intérieur.

Ne demandez pas à l'amour de se manifester immédiatement : il se peut que vous ne soyez pas prêt pour lui ou pas assez évolué pour attirer l'amour que vous désirez.

Évitez de vous lier à quelqu'un dans le seul but de rompre votre solitude. Déterminez d'abord vos exigences. Quelle sorte d'amour recherchez-vous ? Établissez une liste des qualités que vous souhaitez dans une relation. Développez ces qualités en vous et vous trouverez une personne les possédant.

Vous pouvez aussi dépister les obstacles empêchant l'amour de se manifester en vous. Sont-ce des critiques, un sentiment de médiocrité, des exigences trop élevées, des fantasmes véhiculés par l'image des stars du cinéma, la peur de l'intimité, le sentiment de n'être pas digne d'amour ?

Soyez prêt à recevoir et à nourrir l'amour quand il se présentera. Préparez-lui un terrain favorable. Aimez et vous serez aimé. Soyez réceptif et ouvert à l'amour.

L'Univers infini dans lequel je me trouve
est complet et parfait.
Je vis en harmonie avec mon entourage.
Il existe en moi une inépuisable source d'amour.
Je permets maintenant à cet amour
de se manifester.
Il remplit mon cœur, mon corps, mon esprit,
ma conscience.
Mon être entier diffuse cet amour, dans
toutes les directions ;
il me revient encore plus fort.
Plus je donne et j'exprime l'amour, plus
je peux en offrir.
Sa quantité est infinie.
Je me sens bien quand j'exprime cet amour
qui reflète ma joie intérieure.
Je m'aime ; j'aime donc mon corps
que je respecte.
Je lui apporte amoureusement la nourriture
dont il a besoin.
Je le soigne et l'habille ;
il me répond en manifestant son énergie et
sa santé.

Je m'aime ; je me trouve donc un logement
confortable,
qui répond à mes besoins et où je me sens bien.
J'en remplis les pièces d'un amour
que ressentiront tous ceux qui y
pénétreront, moi aussi.
Je m'aime ; j'exerce donc une profession
qui fait appel à mes talents et à ma créativité ;
je travaille avec et pour des personnes que j'aime
et qui m'aiment ; je gagne l'argent dont j'ai besoin.
Je m'aime ; donc je pense et me comporte
de telle sorte que l'amour que je donne
me revienne encore plus fort,
car je suis conscient de ce phénomène.
Je n'attire à moi que des gens qui m'aiment,
qui reflètent ma propre personne.
Je m'aime ; par le pardon, je me dégage donc
du passé et me sens libre.
Je m'aime ; je vis donc pleinement le présent,
appréciant chaque instant
et sachant que mon avenir est lumineux
car je suis un enfant aimé de l'Univers ;
cet Univers veille amoureusement et
éternellement sur moi.
Tout est bien dans le monde qui est le mien.

CHAPITRE ONZE

Le travail

« Tout ce que j'accomplis me rend heureux. »

Ne serait-ce pas votre plus grand désir que l'affirmation ci-dessus se réalise ? Les pensées suivantes l'en ont probablement empêché :

Ce travail m'exaspère.
Je déteste mon patron.
Je ne gagne pas assez.
Mes collègues ne m'apprécient pas.
Je ne m'entends pas avec mes collègues.
Je ne sais pas ce que je veux faire.

Il s'agit ici d'une manière de penser négative. Comment pourrait-elle vous permettre de trouver une situation intéressante ? Cette manière d'aborder le problème va à l'encontre d'une solution satisfaisante.

Si vous n'aimez pas votre travail, si vous désirez changer de situation, si vous rencontrez des problèmes professionnels ou si vous recherchez un emploi, voici la meilleure manière de procéder.

Commencez par bénir votre situation présente en prenant conscience qu'elle ne représente qu'une étape de votre chemin. Elle est la conséquence de vos structures de pensées. S'« ils » ne vous traitent pas comme vous le désirez, cela signifie que votre inconscient recèle une structure engendrant ce malaise. Observez donc mentalement votre situation professionnelle actuelle ou passée et bénissez-la — le lieu de travail, l'ascenseur ou les escaliers, le mobilier, l'équipement, les personnes avec et pour lesquelles vous travaillez, tous vos clients.

Affirmez-vous : « Je travaille toujours pour de merveilleux patrons », « Mon patron me traite toujours avec respect et courtoisie » et « Mon patron est agréable et généreux. » Cette nouvelle structure vous suivra votre vie entière et, au cas où vous deviendriez patron, elle s'appliquera à votre personnalité.

Un jeune homme appréhendait son nouvel emploi. Je lui ai dit : « Pourquoi ne seriez-vous pas un bon employé ? *Il est évident* que vous vous en tirerez très bien. Ouvrez votre cœur pour laisser vos aptitudes s'exprimer. Bénissez votre lieu de travail, vos collègues, vos supérieurs et vos clients ; tout ira bien. »

Ce qu'il fit. Il n'obtint que des satisfactions.

Si vous souhaitez quitter votre emploi, affirmez-vous que vous l'offrez avec amour à votre successeur qui, lui, sera ravi de sa future place de travail. Sachez qu'il existe des personnes recherchant précisément ce que vous pouvez offrir et que la vie vous mettra en contact avec elles.

Affirmations pour votre travail

« Je suis pleinement réceptif et ouvert à un nouvel emploi qui fera appel à mes aptitudes, qui me permettra d'exprimer ma créativité et qui me rendra heureux. Je travaille avec et pour des personnes que j'aime, qui m'aiment et me respectent, dans un endroit agréable et pour un salaire convenable. »

Si un collègue vous cause des ennuis, bénissez-le et aimez-le chaque fois que vous pensez à lui. Chacun d'entre nous possède toutes les qualités propres à l'être humain (*nous pouvons tous devenir Hitler ou Mère Teresa — à nous de choisir !*). Si cette personne est critique, affirmez-vous qu'elle est pleine d'amour et de reconnaissance. Si elle manifeste un tempérament grincheux, affirmez-vous qu'elle est gaie et que sa compagnie est amusante. Si elle est cruelle, dites-vous qu'elle est gentille et attentionnée. Si vous ne voyez en elle que ces qualités, elle finira par vous les témoigner, quelle que soit son attitude envers les autres.

Exemple

Il avait trouvé une place de pianiste dans un bar dont le patron était connu pour son mauvais caractère. Ses employés l'avaient surnommé « Monsieur La Mort ». Il vint me demander comment régler ce problème.

Je lui répondis : « Tout le monde possède des qualités. Quelles que soient les réactions des autres, cela ne vous concerne pas. Chaque fois que vous pensez à cet homme, bénissez-le de votre amour. Affirmez-vous continuellement que vous avez toujours d'excellents patrons. Faites-le sans cesse. »

Il suivit mon conseil. Peu après, son patron le couvrit d'éloges et lui trouva du travail supplémentaire, dans d'autres clubs. Les autres employés, qui n'avaient pas changé leur comportement, étaient toujours maltraités.

Si vous aimez votre travail, mais que vous avez l'impression d'être mal payé, commencez par bénir votre salaire actuel. Le fait d'exprimer notre gratitude pour notre situation actuelle lui permet de s'améliorer. Affirmez-vous que la prospérité vous attend et qu'une PARTIE de cette prospérité consistera en un salaire plus élevé. Dites-vous que vous méritez une augmentation car vous êtes utile à votre compagnie et que celle-ci désire partager ses gains avec vous. Travaillez toujours le mieux possible ; ainsi l'Univers saura que vous êtes prêt à gravir un échelon supplémentaire.

Votre conscience vous place là où vous vous trouvez maintenant. Elle vous y maintiendra ou vous propulsera vers une situation meilleure. Cela dépend de vous.

*L'Univers infini dans lequel je me trouve
est complet et parfait.
Mes aptitudes, qui sont uniques,
s'épanouissent et s'expriment pleinement ;
elles m'apportent satisfaction et bonheur.
Il y aura toujours quelqu'un de prêt
à recevoir mes services.
Je suis toujours demandé
et peux ainsi choisir selon mes désirs.
Je gagne bien ma vie grâce à un travail
qui me plaît.
Mon travail est une source de bonheur.
Tout est bien dans le monde qui est le mien.*

CHAPITRE DOUZE

Le succès

« Toute expérience représente un succès. »

Que signifie le terme « échec » ? Signifie-t-il que tout ne s'est pas déroulé comme vous le désiriez ? Pourtant, la loi de l'expérience se révèle toujours parfaite. Nos actions concrétisent parfaitement nos pensées et croyances. Quelque chose vous a sans doute échappé ; ou une pensée vous a affirmé que vous ne méritiez pas — ou n'étiez pas digne de vos aspirations.

Je vis le même phénomène en utilisant mon ordinateur. Si l'écran indique une erreur, elle vient toujours de moi. Elle signifie que j'ai désobéi à l'une des lois de cet appareil, que je dois simplement approfondir mes connaissances.

Un dicton anglais donne cette recommandation : « Si vous échouez à la première tentative, essayez, essayez encore. » Il confirme parfaitement ce que je viens d'écrire. Il ne s'agit donc pas de se punir et de recommencer comme auparavant mais de reconnaître son erreur et d'essayer différemment — jusqu'à ce que l'on apprenne la manière correcte. Je suis persuadée que notre chemin doit nous mener de succès en succès. Dans le cas contraire, nous sommes en désaccord avec nos capacités, ou nous ignorons notre succès ou ne croyons pas en lui.

Nous échouerons aussi chaque fois que nous nous fixerons des objectifs trop élevés par rapport à notre situation présente et qu'il nous est impossible d'atteindre dans l'immédiat.

Lorsqu'un enfant apprend à marcher ou à parler, nous le félicitons de ses moindres progrès ; cela lui fait plaisir et l'encourage à continuer. Vous encouragez-vous de la sorte quand vous apprenez quelque chose de nouveau ? Ou vous rendez-vous la tâche encore plus ardue en vous persuadant que vous n'êtes que stupide et maladroit ?

Nombreux sont les acteurs estimant devoir connaître parfaitement leur rôle dès la première répétition. Je suis obligée de leur rappeler qu'une répétition sert à apprendre, à corriger ses erreurs et à essayer de nouvelles interprétations. Seul un long travail nous permet d'intégrer ce qui est nouveau et de le rendre naturel. Lorsque vous voyez une personne exercer son métier, vous vous trouvez devant le résultat d'innombrables heures d'apprentissage et de répétition.

N'agissez pas comme je le faisais auparavant — je refusais d'essayer tout ce que j'ignorais, souvent par crainte de me ridiculiser. Tout apprentissage implique des erreurs et leur correction, jusqu'à ce que notre inconscient soit capable de discerner le juste du faux.

Peu importe que vous vous soyez longtemps considéré comme un incapable ; dès maintenant, vous pouvez acquérir une nouvelle structure vous permettant le succès dans n'importe quel domaine. Le principe essentiel demeure toujours le même : nous devons semer les germes du succès qui donneront une abondante récolte.

Voici quelques affirmations entraînant le succès :

> L'Intelligence Divine m'apporte toutes les idées dont
> j'ai besoin.
> Je réussis tout ce que j'accomplis.
> La prospérité est pour tout le monde, moi y compris.
> Mes services sont toujours très demandés.
> J'acquiers une nouvelle conscience du succès.
> J'attire la Prospérité Divine.
> Mes résultats dépassent mes espérances.
> Je reçois toutes sortes de richesses.
> Des occasions inespérées se présentent à moi.

Choisissez l'une de ces affirmations et répétez-la plusieurs fois par jour ; puis une autre et procédez de même. Remplissez-en votre conscience. Ne vous préoccupez pas de la manière d'atteindre vos objectifs ; les événements s'en chargeront. Faites confiance à l'intelligence que vous possédez ; elle vous guidera. Chacune de vos actions mérite le succès.

*L'Univers infini dans lequel je me trouve
est complet et parfait.
Je suis une partie de la Puissance qui m'a créé.
Je possède en moi tous les ingrédients du succès.
J'autorise aujourd'hui la formule du succès
à m'investir et à se manifester.
Je réussirai tout ce que j'accomplirai.
Chaque expérience m'apporte son enseignement.
Je vais de succès en succès, sur le chemin
de la gloire.
Chacune des étapes que je franchis
transcende la précédente.
Tout est bien dans le monde qui est le mien.*

CHAPITRE TREIZE

La prospérité

«Je mérite ce qu'il existe de mieux
et je l'accepte.»

Vous désirez certainement que cette affirmation s'applique à vous; par conséquent, vous ne faites vôtre aucune des idées suivantes :

L'argent ne pousse pas sur les arbres.
L'argent est sale.
L'argent véhicule le mal.
Je suis pauvre, mais honnête.
Les riches sont des escrocs.
Je ne veux pas perdre ma liberté pour de l'argent.
Je ne trouverai jamais un emploi intéressant.
Je ne m'enrichirai jamais.
L'argent se dépense plus vite qu'il ne se gagne.
Je suis toujours endetté.
Les pauvres sont condamnés à rester pauvres.
Mes parents étaient pauvres, je le serai aussi.
Les artistes doivent lutter pour vivre.
Seuls les gens malhonnêtes s'enrichissent.
Les autres passent toujours avant moi.
Oh, je n'oserai pas demander aussi cher !
Je ne suis pas capable de m'enrichir.
Personne ne doit savoir ce que j'ai en banque.

Ne prêtez jamais de l'argent.
Un franc épargné est un franc gagné.
Il faut économiser pour les coups durs.
La crise économique nous guette.
J'en veux aux autres d'être riches.
On gagne de l'argent à la sueur de son front.

Combien de ces idées sont-elles ancrées en vous ? Espérez-vous vraiment atteindre la prospérité si vous croyez en elles ?

Elles résultent de vieux schémas de pensée limitatifs. Peut-être vous viennent-elles de votre famille — les croyances familiales demeurent en nous tant que nous ne nous en débarrassons pas consciemment. Quelle que soit leur origine, elles devront quitter votre conscience si vous voulez accéder à la prospérité.

Pour moi, la véritable richesse commence par le fait de se sentir bien dans sa peau. Il s'agit aussi de la liberté d'agir comme bon nous semble. Elle n'est pas proportionnelle à une somme d'argent, mais à un état d'esprit. La prospérité ou son absence sont l'expression extérieure des idées contenues dans notre tête.

Le mérite

Si nous n'acceptons pas l'idée que nous « méritons » la prospérité, nous refuserons toute forme d'abondance, même celle qui nous tomberait du ciel, comme dans l'exemple suivant.

Un de mes étudiants travaillait à l'amélioration de sa situation financière. Un soir, il arriva au cours surexcité car il venait de gagner 500 dollars. Il ne cessait de répéter : « Je ne peux y croire ! Je ne gagne jamais rien. » Nous savions que ces paroles reflétaient sa conscience. Il persistait dans le sentiment de ne pas mériter ce gain. La semaine suivante, il manqua le cours, car il s'était cassé la jambe. La facture de son médecin s'éleva à 500 dollars.

Il avait eu peur de s'engager sur le chemin, nouveau pour lui, de la prospérité. S'en sentant indigne, il s'était puni par cet accident.

Nous donnons de la force à tout ce sur quoi nous nous concentrons. Évitez donc de vous concentrer sur vos factures. En vous concentrant sur vos dettes, vous ne contribuerez qu'à les augmenter.

Les ressources de l'Univers sont infinies ; commencez par en prendre conscience. Essayez de compter les étoiles un soir d'été, ou les grains de sable que peut contenir votre main, les feuilles d'un arbre, les gouttes d'eau qui frappent un carreau, les graines d'une tomate. Chacune d'elles est capable de produire un plant porteur d'une multitude de fruits. Soyez reconnaissant pour ce que vous possédez et vous verrez que vos possessions s'étendront. J'aime bénir tout ce qui compose ma vie : ma maison, le chauffage, l'eau, la lumière, le téléphone, le mobilier, les appareils ménagers, mes habits, mes moyens de transport, mon travail, l'argent que je possède, mes amis, ma capacité de voir, sentir, goûter, toucher, marcher et d'apprécier la vie sur cette planète fantastique.

Seule notre croyance en nos manques et limites nous empêche d'avancer. Par quelles croyances êtes-vous limité ?

Désirez-vous gagner de l'argent dans l'unique but d'aider les autres ? C'est une manière de dire que vous ne comptez pas.

Ne refusez plus la prospérité. Si un ami vous invite à partager un repas, acceptez avec joie. Cessez de croire que l'échange est nécessaire : si l'on vous offre un cadeau, acceptez-le de bonne grâce. Et au cas où ce cadeau s'avérerait inutile, offrez-le plus loin. Permettez aux objets de circuler. Souriez et dites simplement : « Merci. » Ainsi l'Univers saura que vous êtes prêt à recevoir.

Créez un espace pour du nouveau

Créez un espace pour du nouveau. Videz votre réfrigérateur de tous les petits restes mal enveloppés qui y traînent. Débarrassez-vous de tout ce qui encombre vos placards. Si vous n'avez pas utilisé un objet depuis un an, donnez-le, vendez-le ou jetez-le.

Une armoire encombrée reflète un mental identique. En faisant le ménage, dites-vous : « Je fais le ménage dans mon esprit. » L'Univers adore ces actions symboliques.

La première fois que l'on m'a affirmé que « les richesses de l'Univers sont à la portée de tous », j'ai trouvé ce concept ridicule.

Je me disais : « Avec toute cette misère ! Sans compter la mienne ! » En outre, je m'énervais lorsque j'entendais : « Ta pauvreté n'est qu'une croyance. » Il me fallut plusieurs années pour comprendre et accepter que j'étais seule responsable de mon manque de prospérité. J'avais le sentiment de ne « rien valoir », de ne « rien mériter », qu'il m'était « difficile » de gagner de l'argent et que je n'avais « ni talents ni capacités ». Ce sentiment m'emprisonnait dans un système mental de « manque ».

L'ARGENT EST CE QU'IL Y A DE PLUS ACCESSIBLE !

Comment réagissez-vous à cette affirmation ? Y croyez-vous ? Vous met-elle en colère ? Vous laisse-t-elle indifférent ? Vous donne-t-elle envie de jeter ce livre par la fenêtre ? Si l'une de ces réactions est la vôtre, *TANT MIEUX !* Elle signifie que j'ai touché un point profondément enfoui en vous, là où vous résistez à la vérité. Voilà où vous devez travailler. Il est temps de vous ouvrir à votre capacité potentielle de recevoir l'argent et tous les autres biens.

Aimez vos factures

Cessons de nous tourmenter à propos de nos factures et de l'argent qui nous manque. Nombreux sont ceux qui considèrent les factures comme une punition. En fait, une facture signifie votre possibilité de payer. Votre créancier part de l'idée que vous avez l'argent et qu'il vous offre ses services ou produits avant d'être payé. Jc bénis chacune des factures que je reçois. Je bénis aussi et marque d'un petit baiser tous les chèques que j'écris. Si vous payez à contrecœur, l'argent viendra difficilement à vous. En revanche, si vous le faites avec amour et joie, vous vous ouvrirez les portes de l'abondance. Traitez votre argent comme un ami et non comme des feuilles de papier que vous chiffonnez négligemment dans votre poche.

Votre sécurité ne dépend pas de votre travail, ni de votre compte bancaire, de vos investissements ni de votre famille. Votre sécurité repose sur votre aptitude à vous relier aux forces cosmiques, créatrices de toutes choses.

J'aime à penser que la puissance qui s'exprime en

moi est la même que celle qui me procure, facilement et simplement, ce dont j'ai besoin. L'Univers est riche et abondant, et c'est notre droit de naissance de recevoir ce qui nous est nécessaire, à moins que nous ne choisissions de croire le contraire.

Je bénis mon téléphone chaque fois que je l'utilise et je m'affirme souvent qu'il ne m'apporte qu'amour et prospérité. J'agis de même avec ma boîte aux lettres ; grâce à cette attitude, elle renferme toujours des messages d'amour et d'abondance provenant de mes amis, de mes clients, sans oublier mes lecteurs. J'ouvre avec plaisir mes factures et remercie leurs expéditeurs de leur confiance. Je bénis ma porte d'entrée et sa sonnette, consciente que seul le bien franchit son seuil. J'attends de ma vie qu'elle soit belle et heureuse ; et c'est ainsi qu'elle se révèle.

Réjouissez-vous de la prospérité des autres

Ne freinez pas votre propre prospérité en étant jaloux de ceux qui possèdent plus que vous. Ne critiquez pas leur manière de dépenser, elle ne vous concerne pas.

Chacun répond aux lois de sa propre conscience. Ne vous souciez que de vos propres pensées. Bénissez la fortune des autres et sachez que la terre produit assez pour tous.

Êtes-vous avare ? Êtes-vous hautain à l'égard de ceux qui effectuent de petits travaux ? Ignorez-vous ostensiblement les porteurs ou les concierges ? Essayez-vous d'économiser en achetant toujours au rabais ?

Commandez-vous constamment le menu le meilleur marché ?

Il existe une loi de l'offre et de la demande. La demande précède l'offre. L'argent vient là où il est nécessaire. Les plus pauvres trouvent pratiquement toujours de quoi offrir des funérailles décentes à leurs proches.

La visualisation — un océan d'abondance

La conscience de votre prospérité ne dépend pas de vos avoirs ; seul l'inverse est vrai. Vous recevrez plus en acceptant ce principe.

J'aime me visualiser sur une plage, debout face à un océan d'abondance, sachant que cette abondance est à ma portée. Regardez vos mains et voyez quel genre de récipient vous tenez ; s'agit-il d'une cuillère à café, d'un gobelet troué, d'une tasse de papier, d'un verre, d'un pot, d'un seau, d'une baignoire ou d'un pipe-line vous reliant à cet océan d'abondance ? Regardez autour de vous pour vous rendre compte qu'il y en a assez pour tous les autres, quel que soit leur nombre et le récipient qu'ils tiennent aussi en main. Vous ne pouvez pas les voler ; ils ne peuvent pas vous voler. Et vous ne risquez aucunement d'assécher cet océan. Votre récipient représente votre conscience et vous pouvez toujours le remplacer par un plus grand. Faites souvent cet exercice afin d'arriver à un sentiment d'expansion et de ressources infinies.

Ouvrez les bras

Une fois par jour, je m'assieds et ouvre grand les bras en disant : « Je suis ouverte et réceptive à tous les biens et richesses de l'Univers. » Cet exercice m'apporte un sentiment d'expansion.

L'Univers ne m'offrira que ce que permet ma conscience, mais je peux *TOUJOURS* accroître sa capacité. On pourrait la comparer à une banque cosmique. J'y effectue des versements mentaux en augmentant la conscience de mes capacités créatrices. La méditation, les thérapies et les affirmations sont des versements mentaux. Prenons donc l'habitude d'effectuer ces versements quotidiennement.

Il ne s'agit pas seulement de posséder plus d'argent. Nous désirons aussi en profiter. Vous l'autorisez-vous ? Dans la négative, pourquoi ? Vous avez le droit de consacrer une partie de ce que vous gagnez à votre plaisir. Vous êtes-vous fait plaisir récemment avec votre argent ? Pourquoi pas ? Quelle vieille croyance vous en empêche ? Débarrassez-vous-en.

Vous ne devez pas vous sentir obligé d'être sérieux dès qu'il s'agit d'argent. Remettons les choses à leur place : l'argent n'est qu'un moyen d'échange et rien de plus. Que feriez-vous et que posséderiez-vous si vous n'aviez pas besoin d'argent ?

Jerry Gilles, qui a écrit *L'AMOUR DE L'ARGENT* (l'un des meilleurs livres que je connaisse sur ce sujet), nous suggère de créer une « amende de pauvreté ». Chaque fois que nous émettons une pensée ou une parole négative à propos de notre situation financière, nous nous infligeons une amende que nous mettons de côté. A la fin de la semaine ou du mois, nous devons dépenser cet argent pour notre plaisir.

Nous devons réviser nos jugements sur l'argent. Je me suis rendu compte qu'il est plus facile d'organiser un séminaire sur la sexualité que sur l'argent. Les gens se fâchent facilement lorsqu'on bouscule leurs idées sur ce sujet. Même ceux qui en ont un besoin urgent réagissent violemment quand j'essaie de changer leur manière de penser.

« Je désire changer. » « Je désire me défaire de mes anciennes croyances négatives. » Nous devons parfois effectuer un travail considérable à l'aide de ces deux affirmations pour nous ouvrir les portes de la prospérité.

Nous devons nous débarrasser de notre mentalité du « revenu limité ». N'imposez pas de limites à l'Univers en vous fixant sur l'idée de n'avoir *QUE* tel salaire ou tel revenu. Ce revenu ou salaire n'est qu'un *CANAL* ; *IL N'EST PAS VOTRE SOURCE*. Votre argent ne vient que d'une source, l'Univers lui-même.

Il existe un nombre infini de canaux auxquels nous devons nous ouvrir. Nous devons prendre conscience que les ressources peuvent venir de partout. C'est pourquoi, si nous trouvons une pièce de monnaie par terre, dans la rue, nous devons remercier la source. Cette pièce peut sembler dérisoire, mais de nouveaux canaux commencent à s'ouvrir.

> « Je suis ouvert à de nouvelles sources de revenus. »
> « Je reçois maintenant ma subsistance de sources connues ou inattendues. »
> « Je suis un être illimité acceptant une prospérité illimitée provenant d'une source infinie. »

Réjouissez-vous des petits signes annonciateurs du changement

Pendant notre travail sur la prospérité, nous gagne-rons toujours en proportion de ce que nous estimons mériter. Une femme écrivain travaillait à augmenter ses revenus. Une de ses nouvelles affirmations était : « Je gagne bien ma vie comme écrivain. » Trois jours plus tard, elle se rendit dans un tea-room où elle pre-nait souvent son petit déjeuner. Elle s'installa à une table, y étala quelques feuilles de papier, quand le patron vint vers elle et lui dit : « Vous êtes écrivain, n'est-ce pas ? Pourriez-vous écrire quelque chose pour moi ? »

Il lui apporta alors quelques cartes sur lesquelles il lui demanda d'écrire le menu du jour. Il lui offrit un repas en échange de ce petit service.

Ce fut là l'un des premiers signes du changement de sa conscience. Par la suite, elle n'eut aucune difficulté à vendre ses écrits.

Reconnaissez la prospérité

Commencez à reconnaître la prospérité partout et à vous en réjouir. Le révérend Ike, bien connu à New York, se rappelle qu'il se promenait autrefois, quand il était pauvre, le long des riches avenues et des bons restaurants en s'affirmant à haute voix : « Ceci est pour moi, ceci est pour moi. » Permettez aux belles demeures, aux magasins de luxe, aux banques et aux vitrines de toutes sortes de vous être agréables. Reconnaissez que tout cela fait partie de VOTRE richesse et que vous augmentez votre conscience pour jouir de ces biens si vous le désirez. Lorsque vous croisez des personnes très bien vêtues, pensez : «N'est-il pas merveilleux qu'elles soient aussi riches ? Il y a largement assez pour chacun d'entre nous. »

Nous ne désirons pas les biens des autres ; nous désirons posséder nos *propres* biens.

Et pourtant, rien ne nous appartient. Nous ne faisons qu'utiliser certains objets avant de les léguer à d'autres. Il arrive que certains d'entre eux demeurent dans une famille pendant plusieurs générations ; mais finalement, ils passeront plus loin. La vie comporte un rythme et un flux naturels : les choses vont et viennent. Je pense que lorsque quelque chose s'en va, ce n'est que pour laisser place à quelque chose de nouveau et de meilleur.

Acceptez les compliments

Tant de personnes souhaiteraient s'enrichir ; cependant, elles refusent tout compliment. Je connais tellement d'acteurs qui rêvent de devenir «stars» mais qui, paradoxalement, se recroquevillent au moindre compliment.

Les compliments sont des cadeaux de la prospérité. Acceptez-les de bonne grâce. Dès mon plus jeune âge, ma mère m'enseigna à sourire et à dire «merci» chaque fois que je recevais un compliment ou un présent. Ce conseil a enrichi ma vie.

Retourner un compliment sera encore plus bénéfique ; notre interlocuteur aura aussi l'impression de recevoir un cadeau. Le bien peut ainsi circuler librement.

Réjouissez-vous de la richesse que constitue chaque réveil, chaque nouvelle journée. Soyez heureux de vivre, de jouir d'une bonne santé, d'avoir des amis, d'être créatif, d'être une manifestation du bonheur de vivre. Vivez en pleine conscience. Réjouissez-vous de votre processus de transformation.

L'Univers infini dans lequel je me trouve
est complet et parfait.
Je ne fais qu'un avec la puissance qui m'a créé.
Je suis entièrement ouvert et réceptif
au flux de prospérité qu'offre l'Univers.
Mes besoins et mes désirs sont comblés
avant même que je ne le souhaite.
Je bénéficie de la protection et de
la guidance divines.
Mes choix se révèlent bons pour moi.
Je me réjouis du succès des autres,
sachant qu'il y a largement assez pour tous.
J'augmente constamment ma conscience
de l'abondance,
qui se manifeste par un accroissement
de mes richesses.
Ma prospérité provient de tous et de partout.
Tout est bien dans le monde qui est le mien.

CHAPITRE QUATORZE

Le corps

> « J'écoute attentivement les messages
> de mon corps. »

Je suis persuadée que nous créons nous-mêmes toutes les prétendues « maladies » de notre corps. Celui-ci, comme tout dans notre vie, est le miroir de nos pensées et croyances. Notre corps nous parle sans cesse, pour autant que nous prenions la peine de l'écouter. Chacune de nos cellules réagit à chacune de nos pensées et paroles.

Nos systèmes de pensée et d'expression engendrent nos comportements physiques, nos postures, notre bien-être et nos « mal-aises ». Un visage constamment renfrogné ne traduit pas d'heureuses pensées, pleines d'amour. L'expression et le corps des personnes âgées révèlent une vie de structures de pensées. A quoi ressemblerez-vous plus tard ?

J'ai inclus dans cette partie ma liste de Structures Mentales Probables qui créent nos maladies physiques, ainsi que les Nouveaux Schémas de Pensée ou Affirmations, à utiliser pour créer les conditions de la santé. Afin que vous vous rendiez compte de la manière dont nous créons ces problèmes, j'ai ajouté une description de quelques maladies courantes.

Les causes mentales ne sauraient s'appliquer à 100 % chez tous, mais elles nous fournissent une première indication pour notre recherche des causes de la maladie. Les personnes exerçant les thérapies alternatives constatent que les causes mentales se vérifient dans 90 à 95 % des cas.

LA TÊTE représente notre personne. Elle constitue ce que nous montrons au monde. Généralement, les autres nous reconnaissent par elle. Souvent, un dysfonctionnement dans cette zone signifie que nous sentons un dysfonctionnement en «nous-mêmes».

LA CHEVELURE représente la force. Lorsque nous avons peur ou que nous sommes tendus, nous créons souvent des contractions qui partent des épaules et remontent le long de la tête, parfois jusqu'autour des yeux. Chaque cheveu est implanté dans un follicule. Quand le cuir chevelu est soumis à de fortes tensions, ce follicule se comprime au point que le cheveu ne peut plus respirer; il meurt et tombe. Si ces contractions et la tension du cuir chevelu persistent, le follicule demeurera trop serré pour permettre la pousse d'un nouveau cheveu. Il en résultera une calvitie.

La calvitie féminine ne cesse d'augmenter depuis que les femmes travaillent dans le monde des affaires, avec toutes les tensions et frustrations que cela implique. Elle se remarque moins facilement que chez les hommes, car les perruques féminines sont d'une telle qualité qu'il est difficile de les distinguer d'une véritable chevelure. En revanche, les toupets que portent les hommes se voient malheureusement beaucoup plus facilement.

La tension n'est pas un signe de force mais, au contraire, de faiblesse. Être fort, c'est savoir vivre paisiblement, détendu et bien centré. Nous devrions nous relaxer beaucoup plus souvent et nombre d'entre nous devraient aussi détendre leur cuir chevelu.

Essayez maintenant. Dites à votre cuir chevelu de se relaxer et sentez la différence. Si vous remarquez une détente sensible, je vous suggère d'effectuer cet exercice régulièrement.

LES OREILLES représentent notre capacité d'écoute. Un problème d'oreilles signifie souvent que vous refusez d'entendre quelque chose. Une oreille douloureuse indique que ce que nous entendons nous met en colère.

Les enfants souffrent souvent de maux d'oreilles. Ils écoutent fréquemment à contrecœur leurs parents. Les règles d'éducation les empêchent souvent d'exprimer leur colère; l'impuissance à laquelle ils sont réduits provoque des maux d'oreilles.

La surdité représente un refus durable d'écouter quelqu'un. Qui n'a jamais rencontré un de ces couples où l'un des conjoints souffre d'une mauvaise ouïe, alors que l'autre l'arrose d'un incessant bavardage?

LES YEUX représentent notre capacité de voir. Les problèmes oculaires expriment souvent un refus de faire face à la vie ou à nous-mêmes.

Chaque fois que je vois des enfants porteurs de lunettes, je sais qu'il existe en eux une situation négative qu'ils refusent de voir. S'ils se sentent impuissants face à cette situation, ils rendront leur vue floue afin d'éviter de la regarder clairement.

De nombreuses personnes ont guéri de manière spectaculaire en acceptant de fouiller leur passé et de se débarrasser d'une situation négative qu'elles refusaient de voir avant que leur vue ne se dégrade.

Vous doutez-vous de ce qu'il se passe en ce

moment ? Que refusez-vous de voir ? Le présent ou l'avenir ? Si votre vue redevenait normale, que verriez-vous que vous ne voyez pas maintenant ? Pouvez-vous voir ce que vous vous infligez ?

Que de questions intéressantes !

LES MAUX DE TÊTE indiquent que vous vous dénigrez. Au prochain mal de tête, demandez-vous où et comment vous vous causez du tort. Pardonnez-vous, libérez-vous et votre mal de tête disparaîtra.

LES MIGRAINES affligent les personnes qui s'imposent la perfection, s'infligeant par là même d'innombrables contraintes. Ces migraines révèlent une grande colère non exprimée. J'ai constaté que la masturbation pratiquée en début de crise apaise presque toujours la douleur. La détente sexuelle supprime la tension et la douleur. Vous n'aurez probablement pas envie de vous masturber, pourtant cela vaut la peine d'essayer ; il n'y a d'ailleurs rien à perdre.

Les douleurs des SINUS ressenties au niveau du visage et près du nez indiquent qu'une proche connaissance vous irrite ou, pire, vous écrase.

Nous oublions que nos frustrations créent ces situations ; par conséquent nous abandonnons notre pouvoir en reportant la faute sur l'autre. Rien ni personne n'exerce de pouvoir sur nous, car *nous* sommes les seuls maîtres de notre pensée. Nous créons nos expériences, notre réalité et tout ce qu'elle englobe. En offrant l'harmonie et la paix à notre mental, nous les donnons aussi à notre vie.

LE COU et la GORGE sont extrêmement intéressants par tout ce qu'ils dévoilent. Le cou représente la souplesse de notre pensée, notre capacité à comprendre d'autres points de vue que les nôtres. Des problèmes au niveau du cou indiquent souvent un manque d'ouverture d'esprit, des conceptions prisonnières de notre obstination.

En voyant une personne engoncée dans un col rigide, je me l'imagine toujours hautaine et étroite d'esprit.

Virginia Satir, éminente spécialiste de thérapie familiale, avoue avoir entrepris une recherche « farfelue » révélant 250 manières de faire la vaisselle, variant selon les personnes et les produits utilisés. Si nous nous obstinons à croire qu'il n'existe qu'une « seule manière », nous nous fermons à la richesse de la vie.

LA GORGE représente notre capacité à exprimer nos désirs, à demander ce que nous voulons, à dire « Je suis », etc. Des maux de gorge prouvent souvent que nous nous refusons le droit d'agir selon nos désirs. Nous n'osons pas nous affirmer.

Des maux de gorge révèlent toujours de la colère. Aggravés d'un rhume, ils indiquent une confusion mentale. Une LARYNGITE signifie généralement que vous êtes trop fâché pour parler.

La gorge constitue la zone où circule notre flux créatif. Si notre créativité se trouve étouffée, nous connaissons des problèmes de gorge. Nous connaissons tous des gens qui se dévouent toute leur vie pour d'autres, sans jamais faire ce qu'ils désirent réellement. Ils cherchent constamment à plaire à leur mère / père / conjoint / partenaire / patron. Les ANGINES et les problèmes de la THYROÏDE révèlent une créativité frustrée.

Le centre énergétique situé dans la gorge, le cinquième chakra, est le lieu où s'effectuent les changements. Une forte activité se manifestera dans notre gorge si nous nous trouvons dans un processus de changement, encore plus si nous lui résistons. Prêtez attention à votre toux ou à celle des autres. Que vient-on de dire ? A quoi réagissez-vous ? Est-ce de la résistance, de l'obstination, ou un changement s'opère-t-il ? Je dirige un séminaire où j'utilise la toux comme moyen de découverte de soi. Chaque fois qu'un participant tousse, je lui demande de se palper la gorge et de dire à haute voix : « Je veux changer » ou « Je change. »

LES BRAS représentent notre capacité à embrasser les expériences de la vie. Leur partie supérieure est liée à nos aptitudes, alors que l'avant-bras représente notre habileté. Nous stockons nos anciennes émotions dans nos articulations ; les coudes représentent notre capacité à changer de direction. Changez-vous facilement de direction dans votre vie ou êtes-vous bloqué par de vieilles émotions ?

LES MAINS saisissent, tiennent, pincent. Nous laissons les choses glisser entre nos doigts ; parfois nous les tenons trop longtemps. Nos mains sont agiles, crispées, ouvertes, préhensiles. Nous réussissons ou nous échouons à nous prendre en main. Nous sommes main dans la main avec quelqu'un. Nous donnons un coup de main. Nous échangeons une poignée de mains.

Les mains peuvent être douces, ou un ensemble d'articulations raidies par trop de « cérébralité », ou encore déformées par la critique arthritique. Des mains crispées trahissent la crainte, crainte de perdre, crainte de n'avoir jamais assez, crainte qu'« il » partira si vous ne le retenez pas.

« Qui trop embrasse, mal étreint. » Une étreinte trop

forte fera fuir l'autre. Des mains refermées ne peuvent rien saisir de neuf. On obtient un sentiment d'ouverture et de relâchement en secouant vigoureusement les mains totalement détendues.

Ce qui vous appartient ne peut vous être retiré. Alors détendez-vous.

LES DOIGTS ont chacun une signification. Les problèmes qui y sont liés indiquent ce que vous devez détendre et éliminer. Si vous vous coupez l'index, il existe probablement, au moment de l'incident, de la crainte et de la colère concernant votre ego. Le pouce est lié au mental et représente l'inquiétude. L'index représente l'ego et la crainte. Le médius est lié à la sexualité et à la colère. Si vous vous trouvez en colère, tenez-vous le médius jusqu'à ce qu'elle disparaisse. (Tenez-vous le médius droit si vous êtes fâché contre un homme, le gauche si vous l'êtes contre une femme.) L'annulaire représente les unions et le chagrin, le petit doigt la famille et la simulation.

LE DOS représente notre système de soutien. Les problèmes l'affectant signifient généralement que nous ressentons un manque de soutien. Nous pensons trop souvent n'être soutenus que par notre famille, notre conjoint ou notre travail; en réalité, l'Univers entier, la Vie même nous soutiennent.

La partie supérieure du dos est liée au sentiment de manque de soutien. Mon mari / femme / amant / ami / patron ne me comprend pas ou ne m'appuie pas.

Le milieu du dos concerne la culpabilité, tout ce qui se trouve derrière nous. N'osez-vous pas voir ce qui est derrière votre dos, ou y dissimulez-vous quelque chose? Sentez-vous comme la menace d'un couteau entre les omoplates?

Avez-vous l'impression d'être « au bout de vos forces » ? Votre situation financière est-elle très mauvaise ? Vous faites-vous trop de soucis à son propos ? Le cas échéant, votre dos vous fait probablement souffrir. Quel que soit le niveau de votre compte en banque, la crainte ou le manque d'argent peuvent aussi causer des douleurs dans cette zone.

Tant de gens estiment que l'argent constitue ce qu'il y a de plus important au monde et que nous ne pourrions pas nous en passer. Ils se trompent lourdement. Il existe quelque chose de beaucoup plus important, indispensable à la vie : notre respiration.

Notre respiration est capitale ; pourtant nous ne nous en soucions guère. Il suffit pourtant de l'interrompre pendant quelques minutes pour mourir. Si la Puissance qui nous a créés nous a dotés d'un système respiratoire qui fonctionnera aussi longtemps que nous vivrons, pourquoi ne nous donnerait-elle pas les autres éléments nécessaires à la vie ?

LES POUMONS représentent notre aptitude à intégrer et à exprimer la vie. Les problèmes pulmonaires signifient généralement que la vie nous effraie ou que nous nous interdisons de vivre pleinement.

Pendant des siècles, les femmes n'ont eu qu'une faible capacité pulmonaire car elles se considéraient comme des êtres humains inférieurs, à qui était refusé le droit d'occuper une place entière dans la société, ou même le droit de vivre. Aujourd'hui, les choses changent. Les femmes reprennent leur place et elles respirent profondément, pleinement.

J'aime voir les femmes pratiquer un sport. Les femmes ont toujours travaillé dans les champs mais, pour la première fois de l'histoire, elles participent aux compétitions sportives, pour le plus grand bien de leur corps.

Les emphysèmes, comme le tabagisme, trahissent un refus de la vie. Ils cachent un fort sentiment d'indignité. Les menaces ne couperont pas l'habitude de fumer ; il faut d'abord modifier les croyances profondes.

LES SEINS représentent le principe maternel. Des problèmes aux seins indiquent souvent que nous « maternons » une personne, un objet, voire une expérience.

La maternité implique aussi que l'on permette à l'enfant de devenir adulte. Nous devons donc sentir le moment de laisser partir nos enfants. Trop les protéger les empêche de vivre leurs propres expériences. Parfois notre tyrannie fausse complètement les situations.

L'apparition d'un cancer dans cette zone révèle un profond ressentiment. Libérez-vous de votre crainte par la conscience que l'Intelligence Universelle nous habite tous.

LE CŒUR représente évidemment l'amour alors que le sang est lié à la joie. Notre cœur « pompe » la joie dans notre corps. Si nous nous fermons à l'amour et à la joie, notre cœur se refroidit, se rétrécit et entrave la circulation sanguine. Le terrain devient alors propice à l'ANÉMIE, à l'ANGINE DE POITRINE et aux ATTAQUES.

Ce n'est pas notre cœur qui nous attaque. C'est nous qui, obnubilés par nos petites histoires que nous créons nous-mêmes, lui retirons toute joie. Il finit littéralement par se briser de douleur. Les infarctus ne terrassent jamais les gens joyeux. Si on ne s'ouvre pas à la joie après une première crise, on crée les conditions pour en subir une seconde.

Un cœur d'or, un cœur de pierre, le cœur ouvert, le

cœur sur la main, sans cœur — comment vous situez-vous ?

L'ESTOMAC digère les nouvelles idées et expériences. Qui ne pouvez-vous avaler ? Que ne pouvez-vous digérer ? Par quoi votre estomac est-il noué ?

Des problèmes gastriques signifient généralement que nous sommes incapables d'assimiler de nouvelles expériences. Nous avons peur. Nombre d'entre nous se souviennent du temps où, dans les avions, il y avait devant chaque siège un sac pour vomir. Les pauvres hôtesses couraient pour en débarrasser les nombreux voyageurs qui les avaient utilisés. Aujourd'hui, ce phénomène a pratiquement disparu, car nous avons assimilé l'idée du voyage aérien.

LES ULCÈRES résultent de la crainte, la crainte terrible de n'être « pas assez bien ». Nous craignons de ne pas paraître à la hauteur face à notre patron, face à un parent. Nous ne pouvons digérer qui nous sommes. Nous nous déchirons les entrailles à force d'essayer de plaire aux autres. Peu importe notre situation sociale, nous nous tenons en très basse estime. Nous craignons qu'ils se rendent compte à quel point nous sommes mauvais.

Ici, l'amour apporte la réponse. Les gens qui s'aiment et s'approuvent ne souffrent jamais d'ulcères. Soyez gentil et aimez l'enfant qui vous habite ; encouragez-le et donnez-lui ce qui vous a manqué pendant votre enfance.

LES ORGANES GÉNITAUX représentent la partie la plus féminine d'une femme : sa féminité, la partie la plus masculine d'un homme : sa virilité ; notre principe masculin ou notre principe féminin.

Si nous nous sentons mal à l'aise en tant qu'homme ou en tant que femme, si nous refusons notre sexualité, si nous considérons cette partie de notre être comme sale ou vile, nous créerons des problèmes dans la zone génitale.

Je n'ai rencontré que peu de familles où l'on osait appeler par leur nom les organes génitaux et leurs fonctions. Nous avons tous entendus des appellations pudiques, des euphémismes. Vous souvenez-vous de ceux utilisés par votre entourage? Ils étaient peut-être anodins ou, au contraire, ils vous donnaient l'impression que vos organes étaient sales et dégoûtants. Nous avons tous grandi dans l'idée que cette zone est pour le moins problématique.

Je pense que la révolution sexuelle que nous avons connue fut assez positive. Elle nous a permis de nous détacher de l'hypocrisie victorienne. Connaître plusieurs partenaires (ne serait-ce parfois que pour une nuit) ne constitue plus un péché. Le mariage a perdu son caractère contraignant et nous pouvons maintenant découvrir ouvertement la liberté et le plaisir physique.

Cependant, peu d'entre nous ont songé à régler le problème que Roza Lamont, fondatrice du Self Communication Institute, nomme «le Dieu de Maman». L'image de Dieu que votre mère vous a communiquée durant votre enfance se trouve encore dans votre subconscient, à moins que vous ne vous en soyez débarrassé par un travail conscient. Ce Dieu était-il sévère, «punisseur»? Que pensait-il de la sexualité? Si nous portons toujours en nous cette culpabilité envers notre sexualité et notre corps, nous nous punirons certainement.

Les problèmes affectant la VESSIE, l'ANUS, le VAGIN, la

PROSTATE et le PÉNIS se localisent tous dans la même zone. Ils ont pour origine nos croyances erronées en ce qui concerne notre corps et ses fonctions.

Chacun de nos organes est une magnifique expression de la vie, caractérisée par sa propre fonction. Nous ne considérons jamais notre foie ou nos yeux comme sales ou porteurs de péchés ; pourquoi donc traitons-nous ainsi nos organes génitaux ?

Notre anus n'est pas moins beau qu'une oreille. Sans lui, il nous serait impossible d'évacuer ce dont notre corps n'a plus besoin, et nous mourrions empoisonnés. Chaque partie, chaque fonction de notre corps est normale, parfaite, naturelle et magnifique.

Je demande à mes clients qui souffrent de problèmes sexuels de me parler avec amour de leur rectum, vagin ou pénis, en appréciant leur fonction et leur beauté. Si ce passage vous dérange, demandez-vous pourquoi ? Qui vous a dit de dénigrer une partie de votre corps ? Certainement pas Dieu. Nos organes sexuels sont la partie la plus agréable de notre corps, celle qui nous procure le plaisir. Le nier revient à se punir et à souffrir. La sexualité est plus que normale, elle est magnifique. Avoir des rapports sexuels constitue une activité aussi normale que respirer ou manger.

Essayez juste un instant de visualiser l'immensité de l'Univers. Elle dépasse notre entendement. Même les savants équipés des instruments les plus perfectionnés ne peuvent la mesurer. Cet Univers contient de nombreuses galaxies.

Dans l'une de ces galaxies brille un petit soleil autour duquel gravitent des boules grosses comme des têtes d'épingles. L'une d'elles se nomme la Terre.

J'ai beaucoup de peine à croire que la formidable Intelligence qui a créé tout cet Univers n'est qu'un vieil homme barbu, assis sur un nuage... surveillant mes organes génitaux ! Malheureusement, nombreux sont ceux qui pensent ainsi.

Il est vital que nous nous débarrassions de ces idées stupides et archaïques qui ne nous apportent rien de bon. Notre conception religieuse doit être celle d'un Dieu qui vit avec nous et non contre nous. En matière de religions, le choix ne manque pas. Si la vôtre vous affirme que vous êtes une créature inférieure, que vous vivez dans le péché, optez pour une autre.

Je ne prêche pas en faveur d'une sexualité débridée. J'aimerais simplement souligner que certaines de nos règles sont insensées, qu'elles conduisent à la désobéissance et à l'hypocrisie.

Les individus libérés de leur culpabilité sexuelle, s'aimant et se respectant eux-mêmes, aiment et respectent aussi les autres, pour le plus grand bonheur de chacun. La plupart de nos problèmes sexuels proviennent du dégoût et de la haine que nous éprouvons, et que nous projetons sur nous-mêmes et sur les autres.

Enseigner aux enfants les seuls fonctionnements mécaniques de la sexualité ne suffit pas. Nous devons les amener à aimer leur corps, leur appareil génital et leur sexualité. Je crois fermement que les personnes bien dans leur peau ne nuisent pas aux autres, ni à elles-mêmes.

Je constate que la plupart des problèmes de VESSIE proviennent de contrariétés, souvent originaires de la relation avec le partenaire. Un aspect de notre féminité ou de notre virilité nous contrarie. Les femmes connaissent plus de problèmes de la vessie que les hommes car elles taisent habituellement leur douleur. Une VAGINITE survient souvent après une blessure de la pensée romantique, causée par le partenaire. Les problèmes de la PROSTATE sont généralement liés à l'image que les hommes se font d'eux-mêmes, et à l'idée de perdre leur virilité en vieillissant. A l'IMPUISSANCE s'ajoute la crainte ; elle provient parfois de la rancune ressentie envers une ancienne partenaire. La FRIGIDITÉ provient de la crainte et de la croyance selon laquelle jouir de son corps constitue un péché. Le dégoût de soi-même la provoque aussi ; de plus l'indifférence d'un partenaire risque de l'aggraver.

Le SYNDROME PRÉMENSTRUEL, atteignant aujourd'hui des proportions endémiques, est dû en grande partie à la publicité. Les réclames véhiculent constamment l'idée négative que le corps de la femme doit être douché, poudré, recouvert de crèmes afin de le rendre ne serait-ce qu'acceptable ; cela en même temps que la femme est censée se libérer. Ce phénomène contradictoire, combiné à une consommation de sucre souvent excessive, crée un champ favorable pour le syndrome prémenstruel.

Toutes les fonctions féminines, y compris la menstruation et la ménopause, sont absolument naturelles et doivent s'accepter comme telles. Notre corps est magnifique, admirable et magique.

Je suis persuadée que les maladies vénériennes proviennent presque toutes de la culpabilité ressentie face à la sexualité. Elles proviennent du sentiment, souvent inconscient, que nous exprimer sexuellement est un péché. Le porteur d'une maladie vénérienne la transmettra surtout à ceux de ses partenaires dont le mental et le système immunitaire sont déficients. Outre les maladies « traditionnelles », une forte augmentation de l'HERPÈS s'est manifestée. Cette maladie frappe à intervalles réguliers pour « nous punir, car nous le méritons. » L'herpès survient fréquemment en même temps que des problèmes émotionnels. Il nous en apprend souvent beaucoup sur nous-mêmes.

Appliquons maintenant cette théorie à la communauté homosexuelle. Les homosexuels connaissent les mêmes problèmes que tout le monde, mais exacerbés par le doigt accusateur que la société pointe sur eux. Même leurs parents acceptent difficilement leur état. Quelle lourde charge pèse sur leurs épaules !

Par conséquent, les homosexuels ont créé le sida, maladie beaucoup plus effrayante que l'herpès, puisqu'elle est mortelle.

Dans notre société, de nombreuses femmes appréhendent de vieillir, en raison du système de pensée qui glorifie la jeunesse. Pour les hommes, quelques cheveux gris ne représentent aucun handicap, bien au contraire ! Un homme d'un certain âge jouit souvent de davantage de considération et attire plus l'attention.

Les homosexuels ne sont guère favorisés par ce phénomène car ils se sont créé une culture fortement axée sur la jeunesse et la beauté. Bien que tout individu soit jeune au début de sa vie, rares sont ceux qui correspondent aux critères de la beauté idéale. Notre civilisation attache une telle importance à l'apparence physique d'une personne qu'elle en oublie les sentiments. Si vous n'êtes ni jeune ni beau, on ne vous regardera pas. La personnalité ne compte pas, seul le corps compte.

Cette conception est une honte pour notre culture.

De nombreux homosexuels redoutent de vieillir en raison de l'importance que leur milieu attache à la beauté plastique. Mourir semble plus facile que vieillir. Le sida confirme cet état d'esprit terriblement négatif. Trop d'homosexuels pensent qu'ils ne seront plus désirables une fois âgés. C'est pourquoi un grand nombre d'entre eux vit de manière autodestructrice.

Certaines conceptions et attitudes appartenant à la culture « gay » — sexualité débridée, jugement critique permanent, refus d'une véritable intimité — sont monstrueuses. Et le sida est une maladie monstrueuse.

Ce type de comportements ne créera qu'une profonde culpabilité. Loin de moi l'idée de provoquer ce sentiment chez qui que ce soit. Mais nous devons changer ce qui doit l'être, afin que tous puissent jouir du respect et du bonheur. Il y a cinquante ans, les homosexuels se cachaient ; ils craignent beaucoup moins de s'affirmer à notre époque. Je regrette que leur style de vie engendre tant de souffrances chez beaucoup d'entre eux. Si le regard des hétérosexuels sur les homosexuels est souvent terriblement sévère, que penser de celui de certains homosexuels sur leurs semblables ?

Traditionnellement, les hommes ont toujours connu plus de partenaires que les femmes ; et quand les hommes commencent à s'aimer entre eux, les occasions se multiplient encore. Pourquoi pas ? Mais veillons à ne pas utiliser notre sexualité à tort. Certains hommes aiment avoir de nombreux(-ses) partenaires, avant tout pour satisfaire leur besoin narcissique. Je ne pense pas qu'il soit mal de connaître beaucoup de partenaires et je ne condamne pas un usage très prudent de certains stimulants comme l'alcool. En revanche, si nous nous étourdissons tous les soirs et si nous « avons besoin » de nombreux partenaires quotidiens dans le seul but de prouver notre valeur, nous ne pourrons évoluer positivement. Nous devrons donc modifier notre système de pensée.

Le temps est maintenant venu de guérir et non de condamner. Nous devons transgresser les limites du passé. Nous sommes tous des expressions divines et merveilleuses de la Vie ; exprimons-le dès aujourd'hui !

LE CÔLON représente notre aptitude à éliminer, à nous débarrasser de l'inutile. Le corps, qui participe au rythme et au flux parfaits de l'Univers, exige un équilibre entre l'assimilation et l'élimination. Seules nos craintes entravent l'élimination des éléments du passé.

Même si les gens constipés ne sont pas réellement avares, ils ont souvent tendance à croire qu'ils subissent des manques. Ils s'accrochent à d'anciennes relations négatives. Ils refusent de jeter leurs vieux habits, pensant les utiliser éventuellement plus tard. Ils refusent de quitter un emploi désagréable, ne s'offrent jamais de plaisir, parce qu'il faut ménager l'avenir. Nous ne composerons pas notre repas d'aujourd'hui avec les déchets de celui d'hier. Apprenons à avoir confiance en la vie ; elle nous apportera toujours ce dont nous avons besoin.

Nos JAMBES nous transportent dans l'existence. En général, des problèmes de jambes révèlent une crainte d'aller de l'avant ou de suivre une certaine direction. Nous courons, nous traînons les pieds, nous marchons à pas feutrés, nos jambes sont cagneuses ; nos grosses cuisses aigries contiennent les rancœurs de notre enfance. Le refus d'air provoque souvent des problèmes mineurs aux jambes. Les VARICES apparaissent lorsque nous refusons de quitter un emploi ou un lieu que nous détestons. Les veines perdent ainsi leur pouvoir de transporter la joie. Marchez-*vous* dans la direction que vous souhaitez ?

Comme le cou, les GENOUX correspondent à la souplesse. Ils expriment la flexibilité, la fierté, l'ego et l'obstination. En avançant, nous craignons souvent de nous plier ; ainsi, nous nous raidissons et devenons inflexibles. Nos articulations durcissent. Nous désirons avancer sans changer nos habitudes. C'est pourquoi nos genoux requièrent un temps considérable pour guérir : notre ego et notre fierté sont en jeu. En revanche, la cheville se remet plus rapidement d'une blessure.

La prochaine fois que vous souffrez d'un genou, réfléchissez à votre orgueil, demandez-vous où vous refusez de fléchir. Relâchez votre obstination. La vie se caractérise par le flux, par le mouvement ; nous devons nous assouplir pour la suivre, pour nous sentir bien. Un saule plie et se balance dans le vent ; il participe à la vie dans la grâce et la beauté.

Nos PIEDS expriment notre compréhension, de nous-mêmes et de la vie en général.

De nombreuses personnes âgées éprouvent de la difficulté à marcher. Leur compréhension est annihilée et elles pensent souvent ne plus avoir de but ni d'endroit où aller. Les pieds des enfants se déplacent gaiement et légèrement, contrairement à ceux des adultes qui semblent témoigner leur refus d'avancer.

Notre PEAU représente notre individualité. Les problèmes qui l'affectent indiquent généralement que nous sentons planer une menace sur notre personnalité. Nous imaginons que les autres exercent un pouvoir sur nous. Notre peau se tend, nous nous sentons mis à nu, nos nerfs sont à fleur de peau. Un des moyens les plus efficaces de soigner les problèmes cutanés consiste à renforcer son mental en se disant « Je m'approuve » plusieurs dizaines de fois par jour. Reprenez votre pouvoir.

LES ACCIDENTS ne sont pas des accidents. Comme tout, nous les créons. Non que nous nous disions : « Je veux avoir un accident ! », mais nous avons les structures de pensée propres à nous attirer un accident. Certaines personnes en semblent constamment victimes, alors que d'autres traversent la vie sans la moindre égratignure.

Les accidents expriment la colère. Ils dévoilent des frustrations causées par l'impossibilité de s'exprimer. Ils indiquent aussi une révolte contre l'autorité. Notre colère devient telle que nous voulons frapper les autres ; mais nous nous frappons nous-mêmes.

Quand nous sommes fâchés contre nous-mêmes, lorsque nous nous sentons coupables, quand nous estimons mériter une punition, un accident peut se charger de nous l'infliger.

Nous nous sentons rarement responsables d'un accident, mais plutôt les victimes malchanceuses d'un tour du destin. Un accident nous permet d'attirer l'attention et la sympathie des autres. Nos besoins, nos blessures deviennent l'objet de leurs soins. L'accident nous apporte souvent une période de repos, parfois longue. Il nous apporte aussi la souffrance.

Les parties de notre corps blessées dans un accident révèlent la nature de notre culpabilité. L'importance de nos blessures est proportionnelle à la punition que nous nous infligeons.

L'ANOREXIE et la BOULIMIE expriment le refus de vivre, une forme extrême de haine de soi.

L'alimentation constitue notre nourriture au premier niveau. Pourquoi vous la refusez-vous ? Pourquoi voulez-vous mourir ? Par quoi êtes-vous affecté au point de désirer quitter ce monde ?

La haine de soi ne découle que de la haine d'une pensée à propos de soi. On peut changer les pensées.

Qu'y a-t-il de si horrible en vous ? Avez-vous été

élevé par une famille très critique ? Vos professeurs l'étaient-ils aussi ? Votre religion vous a-t-elle accablé du sentiment que vous n'étiez « pas assez bien » ? Trop souvent, nous cherchons des raisons qui justifient à nos yeux le manque d'amour dont nous souffrons et la manière dont les autres nous traitent.

La mode véhicule l'idéologie de minceur qui amène tant de femmes à penser : « Je ne suis pas assez bien. A quoi bon ? » Elles focaliseront leur dénigrement sur leur corps, en croyant : « Ils m'aimeraient si j'étais plus mince », mais en vain.

L'extérieur ne nous apporte aucune solution. Les clés du problème sont l'amour et l'acceptation de soi.

L'ARTHRITE résulte d'une critique constante. En premier lieu, la critique de soi, puis la critique des autres. Souvent, les arthritiques s'attirent beaucoup de critiques car ils vivent selon un schéma de critique. Le perfectionnisme les obsède, ils ressentent le besoin de paraître toujours irréprochables.

Mais connaissez-vous une personne qui soit parfaite ? Je n'en connais aucune. Pourquoi nous infligeons-nous le devoir d'être des « Super-Personnes » pour jouir de l'estime des autres ? Cette attitude trahit un fort sentiment de n'être « pas assez bien » et rend la vie tellement plus difficile.

L'ASTHME symbolise « l'amour-étouffement ». Il traduit le sentiment de n'avoir pas le droit de respirer pour soi. Les enfants asthmatiques sont souvent hypersensibles. Ils se culpabilisent pour tout ce qui leur paraît inacceptable dans ce monde. Ils se sentent indignes, par conséquent coupables et méritant punition.

Les cures d'air pur apportent de bons résultats, notamment en cas d'éloignement de la famille.

Généralement les enfants asthmatiques vaincront leur maladie en allant à l'école, en se mariant, en quittant la maison. Mais il arrive fréquemment que plus tard, une expérience redéclenche le processus de leur asthme. Dans ce cas, ils ne réagissent pas à une situation présente, mais à des circonstances liées à leur enfance.

LES BRÛLURES, COUPURES, FIÈVRES, DOULEURS et IN-FLAMMATIONS indiquent une colère s'exprimant dans le corps. La colère parvient toujours à s'exprimer, malgré tous nos efforts pour l'étouffer. La pression monte jusqu'à faire « sauter le couvercle ». Nous craignons que notre colère ne détruise notre monde, mais nous pouvons nous en libérer aisément en disant simplement : « Ceci me met en colère. » Il est vrai que le dire ne nous est pas toujours possible — à notre chef, notamment — mais un cri poussé dans notre voiture, quelques coups contre un coussin, ou une partie de tennis nous en libéreront sans mal.

Les gens faisant un travail spirituel croient souvent qu'ils ne « devraient pas » se mettre en colère. Il est vrai que nous cherchons tous à évoluer pour ne plus avoir besoin d'accabler les autres de nos reproches ; mais avant d'atteindre ce stade, il est préférable, pour notre santé, de reconnaître nos sentiments du moment.

LE CANCER est causé par un ressentiment retenu pendant des années jusqu'à ce qu'il ronge notre corps. Un événement survient durant l'enfance, qui annule la confiance. Il n'est jamais oublié ; l'individu conserve toute sa vie un sentiment de pitié pour lui-même et demeure incapable de développer des relations harmonieuses et durables. Ce système de pensée lui donne l'impression de ne vivre que des déceptions. Un sentiment de désespoir, d'impuissance, d'échec renforce cette attitude jusqu'à ce que les autres soient désignés comme coupables. Les victimes d'un cancer se critiquent souvent. Apprendre à s'aimer et à s'accepter fera obstacle à cette maladie.

L'EMBONPOINT représente un besoin de protection. Nous cherchons à nous protéger des blessures, des affronts, des critiques, des tromperies, de la sexualité et des avances sexuelles — d'une peur de la vie, de manière générale mais aussi spécifique. Que choisissez-vous ?

Je ne suis pas obèse, mais je me suis rendu compte avec les années que, quand je me sens en insécurité et mal à l'aise, je prends quelques kilos. Ils disparaissent une fois la menace passée.

Lutter contre la graisse constitue une perte de temps. Tout régime traditionnel reste inefficace. Dès l'instant où vous l'arrêtez, les kilos reviennent. Le meilleur régime consiste à s'aimer et s'approuver, à avoir confiance en la vie et à se sentir en sécurité en reconnaissant son propre pouvoir. Commencez un régime contre les pensées négatives et vous retrouverez votre ligne.

Trop de parents apaisent leurs enfants en leur offrant à manger, quelles que soient les circonstances. Ces enfants prennent l'habitude d'ouvrir le réfrigérateur chaque fois qu'ils rencontrent un problème.

Toutes les DOULEURS reflètent de la culpabilité. La culpabilité appelle toujours une punition, qui à son tour crée une douleur. Les douleurs chroniques proviennent d'une culpabilité chronique, souvent si profondément enfouie que nous n'en sommes même plus conscients.

La culpabilité est un sentiment absolument inutile. Elle n'améliore aucune situation, ni ne rend plus heureux.

Sortez de votre prison, car vous avez assez payé. Laissez-vous aller, pardonnez.

Les congestions cérébrales sont causées par des caillots sanguins, par une congestion de la circulation sanguine qui bloque l'apport de sang neuf dans le cerveau.

Le cerveau constitue l'ordinateur de notre corps. Le sang est la joie. Les veines et artères fonctionnent comme voies de transport pour cette joie. Tout existe selon les lois et les actions de l'amour. La moindre particule d'intelligence de l'Univers renferme de l'amour. Il est impossible de jouir d'une bonne santé et d'évoluer positivement si l'on ne ressent ni amour ni joie.

Les pensées négatives obstruent le cerveau, empêchent l'amour et le bonheur d'y circuler librement.

Le rire ne peut s'exprimer quand on l'en empêche. Il en va de même de l'amour et la joie. La vie n'est pas triste, à moins que nous ne choisissions de la voir sous cet angle. Nous pouvons attribuer des proportions considérables au moindre incident ; nous pouvons aussi ressentir de la joie dans la pire des tragédies. A nous de décider.

Parfois nous nous imposons une direction de vie contraire à notre bonheur. Nous créerons alors une congestion qui nous forcera à nous choisir une autre voie, à réévaluer notre style de vie.

LES RAIDEURS dans notre corps dérivent de raideurs de l'esprit. La crainte nous pousse à nous accrocher à nos anciennes habitudes; elle nous interdit toute souplesse. Si nous nous persuadons qu'il n'existe «qu'une manière» d'agir, nous nous raidissons. D'autres manières existent toujours. Souvenez-vous des 250 façons de faire la vaisselle répertoriées par Virginia Satir.

Localisez les raideurs de votre corps. Consultez ma liste de structures mentales qui vous indiquera quelle partie de votre esprit manque de souplesse.

LA CHIRURGIE a son rôle à jouer. Elle se révèle efficace en cas d'accidents et de fractures, dans les situations dépassant les capacités d'un débutant. Mieux vaut, dans ces conditions, accepter une opération et effectuer un travail mental, afin d'annuler les causes qui l'ont rendue nécessaire, et tous risques de répétitions.

Dans le domaine médical, nous voyons de plus en plus de personnes sincèrement désireuses d'aider l'humanité. Un nombre croissant de médecins recourent aux méthodes holistiques, soignant le patient dans son entier. Cependant, la majorité des médecins ne recherchent pas les causes d'une maladie, mais se contentent d'en soigner les symptômes, les effets.

Ils procèdent selon deux manières : en empoisonnant ou en mutilant. Les chirurgiens coupent; quand vous vous adressez à eux, ils recommandent généralement de couper. Si vous devez subir une intervention, préparez-vous à cette expérience pour la vivre harmonieusement; vous en guérirez d'autant plus rapidement.

Demandez la coopération du chirurgien et du personnel hospitalier. Souvent, l'équipe chirurgicale ne se rend pas compte que le patient, malgré l'anesthésie, entend et enregistre dans son inconscient ce qui se dit autour de lui.

Une éminence du Nouvel Age m'a raconté qu'elle

avait dû subir une intervention urgente. Avant l'opération, elle a demandé au chirurgien et à l'anesthésiste de passer de la musique douce, de lui parler et de se parler entre eux en n'utilisant que des affirmations positives. Les infirmières firent de même pendant sa convalescence. Tout se passa pour le mieux.

Je suggère à mes clients hospitalisés de s'affirmer : « Chaque main qui me touche me transmet son amour et son pouvoir guérisseur » et « L'opération se passe bien et rapidement. » Ou encore : « Je me sens bien à chaque instant. »

Après l'intervention, écoutez, autant que possible, de la musique douce. Affirmez-vous : « Je guéris rapidement, confortablement et parfaitement. » Dites-vous : « Je me sens mieux de jour en jour. »

Si vous le pouvez, enregistrez vos affirmations positives sur une cassette que vous écouterez régulièrement pendant votre hospitalisation. Observez vos sensations, pas vos douleurs. Imaginez un flot d'amour coulant de votre cœur jusqu'à l'extrémité de vos membres. Placez vos mains sur la zone soignée et dites-lui : « Je t'aime et je t'aide à te rétablir. »

LES ENFLURES représentent les engorgements et la stagnation de la pensée émotionnelle. Nous créons des situations où nous « souffrons » et nous nous accrochons à nos souvenirs. Les enflures sont souvent provoquées par des larmes retenues, le sentiment d'être bloqué, pris au piège et par l'attribution aux autres de la responsabilité de nos propres blocages.

Libérez-vous du passé. Reprenez votre pouvoir. Cessez de vous immobiliser sur ce que vous ne voulez pas. Utilisez votre mental pour créer ce que « vous voulez ». Participez librement au flux de la vie.

LES TUMEURS sont de fausses croissances. Une huître recouvre un grain de sable pour s'en protéger, jusqu'à en former une magnifique perle.

Nous entretenons une vieille douleur, l'empêchant de se refermer ; elle se matérialisera alors en tumeur.

Pour moi, cela équivaut à toujours repasser le même vieux film. Je pense que si tant de femmes souffrent de tumeurs dans la région utérine, c'est parce qu'elles cultivent une blessure émotionnelle, une atteinte à leur féminité. Je nomme ce processus le syndrome « Il m'a fait du mal ».

L'échec d'une relation ne trahit jamais une faute en nous. Il ne doit pas diminuer notre propre estime.

Ce n'est pas ce qui nous arrive, mais comment nous y réagissons qui importe. Chacun d'entre nous est entièrement responsable de ses expériences. Quelles croyances devez-vous changer pour créer des comportements positifs, pour attirer l'amour à vous ?

L'Univers infini dans lequel je me trouve
est complet et parfait.
Je reconnais mon corps comme mon allié.
Chacune de ses cellules renferme
l'Intelligence Divine.
J'écoute ce qu'il me dit,
sachant que ses messages sont précieux.
Je vis toujours en sécurité,
Divinement protégé et guidé.
Je choisis la liberté et la santé.
Tout est bien dans le monde qui est le mien.

CHAPITRE QUINZE

La liste

« Je suis en bonne santé et j'ai tout
ce dont j'ai besoin. »

La liste suivante provient de mon livre *GUÉRIR
VOTRE CORPS*. Je vous suggère de chercher s'il existe
une relation entre les maladies dont vous avez souffert
ou qui vous affectent actuellement et les causes probables présentées dans cette liste.

Pour l'utiliser au mieux face à un problème physique :

1. Cherchez-y la cause mentale et voyez si elle s'applique à votre problème. Dans le cas contraire,
demandez-vous calmement : « Quelles peuvent être
mes pensées qui ont créé ce problème ? »

2. Répétez-vous : « Je désire délivrer ma conscience
du schéma mental qui a créé ce problème. »

3. Répétez-vous votre nouveau schéma de pensée
plusieurs fois.

4. Partez de l'idée que le processus de guérison a déjà commencé.

Reprenez ces quatre points chaque fois que le problème vous revient à l'esprit.

PROBLÈME	CAUSE PROBABLE	NOUVEAU SCHÉMA DE PENSÉE
Abcès	Des pensées qui fermentent sur des blessures, affronts, vengeances.	*Je laisse mes pensées être libres. Le passé est le passé. Je suis en paix.*
Accidents	Incapacité à parler pour soi. Rébellion contre l'autorité. Croyance en la violence.	*Je me libère du schéma mental qui a créé cette situation. Je suis en paix. Je suis valable.*
Acné	Non-acceptation de soi. Aversion pour soi.	*Je suis une expression divine de la vie. Je m'aime et m'accepte tel que je suis.*
Addison (Maladie d')	Malnutrition émotionnelle aiguë. Colère contre soi.	*Je prends soin avec amour de mon corps, de mon esprit et de mes émotions.*
Aigreurs, brûlures d'estomac	Peur, peur, peur. Une peur qui s'accroche.	*Je respire librement et profondément. Je suis en sécurité. Je fais confiance au processus de la vie.*
Alcoolisme	« À quoi bon ? » Sentiment d'inutilité, de culpabilité et d'inaptitude. Rejet de soi.	*Je vis au présent. Chaque moment est nouveau. Je choisis de m'estimer. Je m'aime et m'approuve.*
Allergies	À qui suis-je allergique ? Négation de ma propre puissance. Irritation envers la vie.	*Le monde est sûr et bienveillant. Je suis en sécurité. Je suis en paix dans la vie.*

Alzheimer (Maladie d')	Désir de quitter le monde. Incapacité de faire face à la réalité.	*Tout arrive au bon moment, au bon endroit, dans un ordre juste. L'action divine juste s'exerce à chaque instant.*
Amnésie	Peur. Fuir la vie. Incapacité à prendre fait et cause pour soi.	*Intelligence, courage et estime de soi œuvrent constamment dans ma vie. Vivre est sans danger.*
Ampoules	Résistance, manque de protection émotionnelle.	*Je suis en douceur le cours de la vie et de chaque nouvelle expérience. Tout est bien.*
Amygdalite	Peur. Émotions refoulées, créativité étouffée.	*Le bien en moi circule librement. Les idées divines s'expriment à travers moi. Je suis en paix.*
Anémie	Vie basée sur des «oui, mais…» Manque de joie. Peur de la vie. Sentiment de ne pas être assez bien.	*En sécurité, j'exprime la joie dans chaque partie de ma vie. J'aime la vie.*
Anémie à hématies falciformes	Conviction de ne pas être assez bien qui détruit la vraie joie de vivre.	*Cet enfant vit et respire la joie de vivre, il est nourri d'amour. Dieu fait des miracles chaque jour.*
Angine	Croire fortement que l'on ne peut parler pour soi ni demander ce dont on a besoin.	*De naissance, il est légitime que mes besoins soient satisfaits. Dorénavant, je demande ce que je veux, avec amour et simplicité.*

Anorexie	Nier la vie pour soi. Peur extrême, haine et rejet de soi.	*Être moi-même est sans danger. Je suis merveilleux tel que je suis. Je choisis de vivre. Je choisis la joie et l'acceptation de moi-même.*
Anthrax	Colère venimeuse à propos d'injustices personnelles.	*Je me libère du passé et laisse le temps guérir chaque domaine de ma vie.*
Anus	Point de relâchement. Lieu de décharge.	*Je relâche facilement et confortablement ce dont je n'ai plus besoin dans ma vie.*
— Abcès anal	Colère liée à ce que vous ne voulez pas lâcher.	*Lâcher prise est sans danger. C'est seulement ce dont je n'ai plus besoin qui sort de mon corps.*
— Démangeaison anale	Culpabilité quant à son passé. Remords.	*Je me pardonne avec amour. Je suis libre.*
— Douleur anale	Culpabilité. Désir de châtiment. Ne pas se croire assez bien.	*Le passé est dépassé. Je choisis de m'aimer et de m'approuver dans le présent.*
— Fistule anale (voir aussi : Saignement ano-rectal)	Poubelles mal vidées, rétention des déchets du passé.	*Avec amour je me libère totalement du passé. Je suis libre. Je suis amour.*

Anxiété	Défiance envers le cours et le processus de la vie.	Je m'aime, je m'approuve et je fais confiance au processus de la vie. Je suis en sécurité.
Apathie	Résistance, refus de sentir. Insensibilisation de soi. Peur.	Sentir est sans danger. Je m'ouvre à la vie. Je désire expérimenter la vie.
Apoplexie	Abandon, défaite. Résistance au changement. Résistance au changement : plutôt mourir ! Rejet de la vie.	La vie est changement et je m'adapte facilement à ce qui est nouveau. J'accepte la vie, passé, présent et avenir.
Appendicite	Peur. Peur de la vie. Obstruction au courant de la vie.	Je suis en sécurité. Je me détends et laisse la vie s'écouler joyeusement.
Appétit — Excès d'appétit	Peur. Besoin de protection. Juger ses émotions.	Je suis en sécurité. Sentir est sans danger. Mes sentiments sont normaux et je peux les accepter.
— Perte d'appétit	Peur. Protection de soi. Défiance envers la vie.	Je m'aime et m'approuve. Je suis en sécurité. La vie est sûre et joyeuse.
Artères	Elles portent la joie de vivre.	Je suis rempli de joie. La joie se répand en moi à chaque battement de mon cœur.
Artériosclérose	Résistance, tension. Esprit étroit et endurci. Refus de voir ce qui est bon.	Je m'ouvre entièrement à la vie et à la joie. Je choisis de vivre l'amour.

Arthrite	Sentiment de n'être pas aimé. Esprit critique, ressentiment, amertume.	*Je suis amour. Je choisis maintenant de m'aimer et de m'approuver. Je vois les autres avec amour.*
— des doigts (voir Doigts)		
— rhumatismale	Critique bien enracinée envers l'autorité. Sentiment d'avoir toujours quelqu'un sur le dos, d'être opprimé.	*Je suis ma propre autorité. Je m'aime et m'approuve. La vie est bonne.*
Articulations	Représentent les changements de direction dans la vie, et leur facilité.	*Je suis facilement le cours du changement. Ma vie est guidée par le Divin et je prends toujours la meilleure direction.*
Asphyxie	Peur. Défiance envers le processus de la vie. Rester coincé dans son enfance.	*Devenir adulte est sans danger. Le monde est sans danger et je suis en sécurité.*
Asthme	Amour étouffant. Incapacité à respirer pour soi-même. Sentiment d'être étouffé. Pleurs refoulés.	*Il est sans danger pour moi maintenant de prendre ma vie en charge. Je choisis d'être libre.*
— du bébé	Peur de la vie. Ne pas vouloir être là.	*Cet enfant est en sécurité et aimé. Cet enfant est bienvenu et chéri.*

Bégaiement	Insécurité. Manque d'expression de soi. Ne pas avoir la permission de pleurer.	*Je suis libre de parler pour moi. Maintenant je suis en sécurité quand je m'exprime. Je ne communique qu'avec amour.*
Bleus	Les petites bousculades de la vie. Autopunition.	*Je m'aime et me chéris. Je suis gentil et doux avec moi. Tout est bien.*
Bouche	Représente l'ouverture à de nouvelles idées et nourritures.	*Je me nourris avec amour.*
— problèmes de bouche	Opinions figées. Étroitesse d'esprit. Incapacité d'intégrer les nouvelles idées.	*J'accueille de nouvelles idées et de nouveaux concepts, et je les prépare pour les digérer et les assimiler.*
Bourdonnements d'oreilles	Refus d'écouter. Être sourd à la voix intérieure. Entêtement.	*Je me fie au meilleur de moi-même. J'écoute avec amour ma voix intérieure. Je laisse tomber tout ce qui ne ressemble pas à l'action d'amour.*
Bras	Représentent la capacité d'accueillir les expériences de la vie.	*Mes expériences, je les tiens et les accueille dans mes bras avec amour, aisance et joie.*
Bright (Maladie de)	Comme un enfant qui «ne peut pas bien faire» et qui «n'est pas assez bien». Échec, perte.	*Je m'aime et m'approuve. J'ai soin de moi. A chaque instant, je suis tout à fait à la hauteur.*

Bronchite	Milieu familial enflammé; disputes et cris. Parfois le silence.	*Je déclare la paix et l'harmonie en moi et autour de moi. Tout est bien.*
Brûlures	Colère. Brûler. Être insensé.	*Je crée uniquement la paix et l'harmonie en moi et autour de moi. Je mérite de me sentir bien.*
Calculs biliaires	Amertume. Pensées dures. Réprobation. Orgueil.	*Je vis une joyeuse libération du passé. La vie est douce, moi aussi.*
Callosités	Rigidification des concepts et des idées. Peur cristallisée.	*Il est sans danger de voir et d'expérimenter de nouvelles idées et de nouveaux chemins. Je suis ouvert et réceptif à ce qui est bon.*
Calvitie	Peur. Tension. Tentative de tout contrôler. Défiance envers le processus de la vie.	*Je suis en sécurité. Je m'aime et m'approuve. J'ai confiance en la vie.*
Cancer	Profonde blessure. Ressentiment ancien. Profond chagrin secret rongeant l'intérieur. Garder des haines. Attitude laxiste du « A quoi bon ? »	*Avec amour je pardonne et dégage tout du passé. Je choisis de remplir de joie mon univers. Je m'aime et m'approuve.*
Cataracte	Incapacité de regarder joyeusement devant soi. Avenir sombre.	*La vie est éternelle et remplie de joie. J'attends chaque instant avec plaisir.*

Cerveau	Représente l'ordinateur, le standard téléphonique.	*Je suis l'animateur aimant de mon esprit.*
— tumeur au cerveau	Croyances incorrectes enregistrées dans l'ordinateur. Entêtement, refus de changer les vieux schémas de pensée.	*Il est facile pour moi de reprogrammer l'ordinateur de mon esprit. Tout dans la vie est changement, et mon esprit est toujours neuf.*
Champignons (voir Mycose)		
Chancres purulents	Des paroles retenues entre les dents, qui s'enveniment et suppurent. Réprobation.	*Je crée uniquement des expériences joyeuses dans mon univers d'amour.*
Cheveux gris	Stress. Croire aux pressions et aux difficultés.	*Je suis en paix et à l'aise dans chaque domaine de ma vie. Je suis fort et capable.*
— perte de cheveux (voir Calvitie)		
Chevilles	Représentent la mobilité et la direction.	*J'avance dans la vie avec aisance.*
Cholestérol	Les canaux de la joie sont bouchés. Peur d'accepter la joie.	*Je choisis d'aimer la vie. Les canaux de la joie sont grands ouverts. Il est sans danger de recevoir.*

Cœur (voir Sang)	Représente le centre de l'amour et de la sécurité.	*Mon cœur bat au rythme de l'amour.*
— problèmes cardiaques	Problèmes émotionnels anciens. Manque de joie. Cœur endurci. Croire à l'effort pénible et au stress.	*Joie, joie, joie. Je laisse avec amour la joie inonder mon esprit, mon corps et mes expériences.*
— attaque cardiaque (voir Infarctus)		
Colique	Irritation mentale, impatience, agacement dans l'entourage.	*Cet enfant ne répond qu'à l'amour et aux pensées d'amour. Tout est calme, paisible.*
— mucosités du côlon	Plusieurs couches de réflexions anciennes et confuses obstruent le canal d'élimination et croupissent dans le bourbier gluant du passé.	*Je me libère et je dissous le passé. J'ai les idées claires. Je vis au présent, dans la paix et la joie.*
Colonne vertébrale	Support flexible de la vie.	*Je suis soutenu par la vie.*
— déviation de la colonne vertébrale	Incapacité à laisser la vie vous soutenir. Peur, tentative de se raccrocher aux vieilles idées. Défiance envers la vie. Manque d'intégrité. Ne pas avoir le courage de ses opinions.	*Je me libère de toutes mes craintes. Dorénavant, je fais confiance au processus de la vie. Je sais que la vie est en ma faveur. Je me tiens droit et grand, avec amour.*

Coma	Peur. Fuir quelque chose ou quelqu'un.	*Nous t'entourons d'amour et de sécurité. Nous créons pour toi un espace où guérir. Tu es amour.*
Comédons (voir Points noirs)		
Congénital (voir Infirmités congénitales)		
Conjonctivite	Colère et frustrations envers ce que vous voyez dans la vie.	*Je vois avec les yeux de l'amour. Il y a une solution harmonieuse et je l'accepte maintenant.*
— conjonctivite aiguë contagieuse	Colère et frustration. Refus de voir.	*Je me libère du besoin d'avoir raison. Je suis en paix. Je m'aime et m'approuve.*
Constipation	Refus de se défaire de vieilles idées ; être ancré dans le passé. Parfois mesquinerie.	*Tout en me libérant du passé, je laisse entrer ce qui est nouveau, frais et vital. Je donne libre accès à la vie.*
Contusions (voir Bleus)		
Cou	Représente la flexibilité. La capacité de voir ce qui se passe derrière.	*Je suis en paix avec la vie.*

— problèmes de cou	Refus de voir les différents aspects d'une question. Entêtement, inflexibilité.	*J'envisage avec souplesse et aisance tous les aspects d'une question. Il existe une infinité de façons de faire et de voir les choses. Je suis en sécurité.*
Coudes	Représentent la capacité de changer de direction et d'accepter de nouvelles expériences.	*Je suis facilement les nouvelles expériences, directions et changements.*
Crampes	Tension. Peur. S'agripper et se cramponner.	*Je me détends et laisse mon esprit en paix.*
— crampes abdominales	Peur. Arrêter le processus et refuser de se laisser aller aux expériences.	*Je fais confiance au processus de la vie. Je suis en sécurité.*
Croup (voir Laryngite et Bronchite)		
Cushing (Maladie de)	Déséquilibre mental. Surproduction d'idées écrasantes. Sentiment d'être envahi.	*J'équilibre avec amour mon esprit et mon corps. Maintenant je choisis d'orienter mes pensées vers ce qui me met à l'aise.*
Démangeaisons	Désirs contrariés. Sentiment d'insatisfaction et de remords. « Ça me démange de partir, de fuir. »	*Je suis en paix exactement là où j'en suis. J'accepte le positif, en sachant que tous mes besoins et désirs seront comblés.*

Dents	Représentent les décisions.	
— problèmes dentaires	Indécision prolongée. Incapacité de démonter des idées pour les analyser et prendre des décisions.	Je fonde mes décisions sur les principes de vérité et me repose sur la certitude que seule l'Action Juste intervient dans ma vie.
— dent de sagesse incluse	Refus de s'accorder l'espace mental pour créer une base solide.	J'ouvre ma conscience à l'expansion de la vie. Il y a un vaste espace à ma disposition pour grandir et changer.
Diabète	Regret de ce qui aurait pu être. Un grand besoin de contrôler. Profonde tristesse. Finie la douceur !	Ce moment est plein de joie. Dorénavant, je choisis d'expérimenter la douceur de chaque jour.
Diarrhée	Peur. Rejet. Fuite.	J'absorbe, j'assimile et élimine en ordre parfait. Je suis en paix avec la vie.
Doigts	Représentent les détails de la vie.	Je suis en paix avec les détails de la vie.
— pouce	Représente l'intellect et les soucis.	Mon esprit est en paix.
— index	Représente l'ego et la peur.	Je suis en sécurité.
— majeur	Représente la colère et la sexualité.	Je suis à l'aise avec ma sexualité.
— annulaire	Représente les unions et le chagrin.	Je suis aimant avec sérénité.

— auriculaire	Représente la famille et la prétention.	*Je fais moi-même partie de la famille de la vie.*
— doigts arthritiques	Envie de se punir. Réprobation. Sentiment d'être victime.	*Je vois avec amour et compréhension. J'élève toutes mes expériences à la lumière de l'amour.*
Dos	Représente le soutien de la vie.	*Je sais que la vie me soutient toujours.*
— problèmes du dos		
• haut du dos	Manque de soutien émotionnel. Sentiment de n'être pas aimé. Refoulement de l'amour.	*Je m'aime et m'approuve. La vie me soutient et m'aime.*
• milieu du dos	Culpabilité. S'engluer dans un passé traîné comme un boulet. « Cessez d'être toujours sur mon dos ! »	*Je me libère du passé. Je suis libre d'aller de l'avant avec l'amour dans mon cœur.*
• bas du dos	Peur de l'argent. Manque de soutien financier.	*Je fais confiance au processus de la vie. Tous mes besoins sont pris en charge. Je suis en sécurité.*
Douleur	Culpabilité. La culpabilité recherche toujours la punition.	*Je me libère joyeusement du passé. Les autres sont libres tout comme je le suis. A présent, tout va bien dans mon cœur.*

Eczéma (voir aussi Peau)	Furieux antagonisme. Éruptions mentales.	*L'harmonie, la paix, l'amour, la joie m'entourent et habitent en moi. Je suis protégé et en sécurité.*
Emphysème	Peur d'inhaler la vie. Sentiment de ne pas mériter de vivre.	*C'est mon droit légitime de vivre pleinement et librement. J'aime la vie. Je m'aime.*
Enflures, boursouflures	Façon de penser figée. Idées douloureuses bloquées.	*Mes pensées circulent librement et facilement. Je côtoie avec aisance les idées.*
Engourdissement, torpeur	Retenir son amour et sa considération. Processus de mort mentale.	*Je partage mes sentiments et mon amour. Je réponds à l'amour de chacun.*
Entorses	Colère et résistance. Refus de prendre une certaine direction dans la vie.	*Je suis certain que le processus de la vie me conduit vers mon plus grand bien. Je suis en paix.*
Épaules	Sont faites pour porter des joies, non des fardeaux.	*Je suis libre d'être joyeux si je le veux.*
— épaules voûtées	Porter les fardeaux de la vie, sans aide et sans espoir.	*Je me tiens droit, grand et libre. Je m'aime et m'approuve. Ma vie s'améliore de jour en jour.*
Épilepsie	Sentiment de persécution. Rejet de la vie.	*Je choisis de voir la vie dans son éternité*

	Impression de lutter de toutes ses forces. Violence retournée contre soi.	et sa joie. Je suis moi-même éternité, paix et joie.
Équilibre (perte de)	Façon de penser éparpillée. Être non centré.	Je me centre en sécurité et accepte la perfection de ma vie. Tout est bien.
Éruptions de boutons	Irritation contre des retards. Une façon inutile d'attirer l'attention.	Je m'aime et m'approuve. Je suis en paix avec le processus de la vie.
Estomac	Contient l'alimentation, digère les idées et les sentiments.	Je digère la vie avec aisance.
— problèmes d'estomac	Terreur. Avoir peur et être incapable d'assimiler la nouveauté.	La vie est en accord avec moi. J'assimile à tout instant la nouveauté de chaque jour. Tout est bien.
Évanouissement	Peur. Ne peut faire face et disparaît.	J'ai le pouvoir, la force et la connaissance de diriger toute chose dans ma vie.
Excès de poids (voir Poids)		
Excroissances	Blessures entretenues et ressentiment cultivé.	Je pardonne facilement. Je m'aime et me gratifie d'éloges.
Fatigue	Opposition, ennui. Manque d'amour pour ce que l'on fait.	La vie me remplit d'enthousiasme et d'énergie.

Fausse couche	Crainte. Peur du futur. Pas maintenant — plus tard. Moment inapproprié.	*L'action divine juste a toujours sa place dans ma vie. Je m'aime et m'approuve entièrement. Tout va bien.*
Féminins (problèmes) (voir aussi Fibrome, Frigidité, Menstruation, Ménopause, Ovaires)	Reniement de soi. Rejet de la féminité et du principe féminin.	*Je me réjouis dans ma féminité. J'adore être une femme. J'aime mon corps.*
Fesses	Représentent le pouvoir. Fesses molles : perte de pouvoir.	*J'utilise mon pouvoir avec sagesse, je suis fort. Je me sens en sécurité. Tout est bien.*
Fibrome et Kystes féminins (voir aussi Kyste)	Entretien d'une blessure occasionnée par un partenaire. Un coup à l'ego féminin.	*Je me débarrasse du schéma qui a provoqué cette expérience. Je crée uniquement le bien dans ma vie.*
Fibrose kystique	Être lourdement convaincu que « la vie ne marche pas pour soi » et qu'on est à plaindre.	*La vie m'aime et j'aime la vie. Je choisis maintenant de laisser entrer la vie pleinement et librement.*
Fièvres	Colère. Brûler.	*Je suis l'expression calme et détendue (« cool ») de l'amour et de la paix.*

Fistule	Peur. Blocage. Refus de se laisser aller.	*Je suis en sécurité. Je fais pleinement confiance au processus de la vie. La vie est en ma faveur.*
Foie	Siège de la colère et des émotions primitives.	*Tout ce que je connais est amour, paix et joie.*
— problèmes de foie	Se plaindre de façon chronique. Justifier sa culpabilisation pour se tromper soi-même. Se sentir mal.	*Je choisis de vivre en occupant l'espace ouvert de mon cœur. Je cherche l'amour et le trouve partout.*
Folie	Fuite de la famille. Évasion, repli sur soi. Coupure violente avec la vie.	*Cet esprit connaît sa véritable identité, et il est un centre créatif de la Divine Expression de Soi.*
Foulures (voir Entorses)		
Frigidité	Peur. Négation du plaisir. Croire qu'il est mauvais d'avoir des rapports sexuels. Partenaires insensibles.	*Prendre plaisir de mon corps est sans danger. Je me réjouis d'être une femme.*
Froid (coup de)	Contraction mentale. S'échapper et se contracter. Désir de se retirer. « Laissez-moi seul ! »	*Je suis en sécurité à chaque instant. L'amour m'entoure et me protège. Tout est bien.*

Furoncles	Colère qui bout et qui déborde. Bouillonnement.	J'exprime l'amour et la joie, et je suis en paix.
Gale	Pensées infectées. Laisser les autres vous énerver.	Je suis l'expression vivante, aimante et joyeuse de la vie. Je suis moi-même.
Gangrène	Morbidité mentale. Étouffement de la joie par des pensées toxiques.	Maintenant je choisis des pensées harmonieuses et laisse la joie se répandre librement en moi.
Gastrite (voir aussi Estomac)	Incertitude prolongée. Sentiment que c'est la fin du monde.	Je m'aime et m'approuve. Je suis en sécurité.
Gaz (douleurs causées par)	S'agripper. Peur. Idées non digérées.	Je me détends et laisse la vie se répandre librement en moi.
Gencives (problèmes de)	Incapacité de maintenir ses décisions. Flou dans la vie.	Je suis une personne de décision. Je poursuis ce que j'entreprends et me soutiens avec amour.
— gingivite aiguë (voir Pyorrhée)		
Génitaux (Organes)	Représentent les principes masculin et féminin.	Il est sans danger pour moi d'être qui je suis.

— problèmes génitaux	Contrariété de n'être pas assez bien.	*Je me réjouis de ma propre expression de la vie. Je suis parfait exactement comme je suis. Je m'aime et m'approuve.*
Genoux	Représentent l'orgueil et l'ego.	*Je suis flexible et mobile.*
— problèmes aux genoux	Ego têtu et orgueil. Inflexibilité. Raideur. Peur. Refus de renoncer à ses positions.	*Pardon. Compréhension. Compassion. Je suis souple et mobile. Tout est bien.*
Glandes	Représentent la mise en stationnement et l'autodémarrage de l'activité.	*Je suis le pouvoir créatif dans mon monde.*
— problèmes glandulaires	Les idées ont du mal à se mettre en route et à se diffuser.	*J'ai toutes les idées et l'activité divines dont j'ai besoin. Maintenant, j'avance.*
— glande pituitaire	Représente le centre de contrôle.	*Mon esprit et mon corps sont en parfait équilibre. Je contrôle mes pensées.*
Goître	Haine suite à ce qui vous a été infligé. Être victime. Sentir sa vie contrariée. Inaccomplissement.	*Je suis le pouvoir et l'autorité dans ma vie. Je suis libre d'être moi-même.*
Gorge	Avenue de l'expression, canal de la créativité.	*J'ouvre mon cœur et chante les joies de l'amour.*

— problèmes de gorge	Incapacité de parler pour soi. Avoir ravalé sa colère, étouffé sa créativité. Refus de changer.	*Je peux faire du bruit. Je m'exprime joyeusement et librement. Je parle pour moi avec aisance. J'exprime ma créativité, je consens à changer.*
— gorge nouée	Peur. Défiance envers le processus de la vie.	*Je suis en sécurité. J'ai confiance : la vie est en ma faveur. Je m'exprime librement et joyeusement.*
Goutte	Besoin de domination. Impatience, colère.	*Je suis en sécurité. Je suis en paix avec moi-même et avec les autres.*
Graisse/Embonpoint (voir aussi Poids)	Représente la protection. Hypersensibilité.	*Je suis protégé par l'amour divin. Je suis toujours protégé et en sécurité.*
Grippe	Réaction à de nombreuses croyances et ondes négatives. Peur. Prêter foi aux statistiques.	*Je dépasse les croyances de groupe et les superstitions du calendrier. Je suis libéré de toute congestion et influence.*
Haleine (mauvaise)	Attitudes dégradées. Médisance. Colère et pensées de vengeance.	*Je me libère du passé. Je ne parle qu'avec amour et douceur.*
Hanches	Portent le corps en équilibre parfait. Propulsion majeure vers l'avant.	*Hourrah ! Chaque jour a ses joies.*

— problèmes de hanches	Peur d'aller de l'avant dans les décisions importantes. Rien vers quoi avancer.	*Je suis en parfait équilibre. J'avance et franchis avec aisance et joie chaque âge de la vie.*
Hémorroïdes	Peur des échéances. Restes de colère du passé. Peur de lâcher prise. Accablement.	*Tout ce qui ne ressemble pas à l'amour, je m'en dégage. Il y a temps et place pour tout ce que je veux faire.*
Hépatite	Résistance au changement. Peur, colère, haine. Le foie est le siège de la colère et de la rage.	*Mon esprit est purifié et libre. Je quitte le passé et aborde la nouveauté. Tout est bien.*
Hernie	Relations rompues. Efforts pénibles, fardeaux. Expression créative inappropriée.	*Mon esprit est plein de douceur et d'harmonie. Je m'aime et m'approuve. Je suis libre d'être moi-même.*
— hernie discale	Sentiment de n'avoir aucun soutien dans la vie. Indécision.	*La vie soutient toutes mes pensées. Par conséquent, je m'aime et m'approuve. Tout est bien.*
Herpès	Croyance collective en la culpabilité sexuelle et besoin de punition. Honte publique. Croyance en un dieu punitif. Ne pas accepter ses organes génitaux.	*Mon concept de Dieu me soutient. Je suis normal et naturel. Je me réjouis de ma sexualité et de mon corps. Je suis merveilleux.*

Hodgkin (Maladie de)	Désapprobation et peur terrible de n'être pas assez bien. Course frénétique pour se prouver quelque chose à soi-même, à en perdre les forces de son propre sang et sa joie de vivre.	Je suis parfaitement heureux d'être moi. Je suis bien juste comme je suis. Je m'aime et m'approuve. Je suis la joie même lorsque je donne et reçois.
Hygroma (inflammation des testicules)	Colère réprimée. Désir de frapper quelqu'un.	L'amour détend et fait disparaître tout ce qui n'est pas lui-même.
Hyperglycémie (voir Diabète)		
Hyperthyroïdie	Extrême déception de ne pas pouvoir faire ce qu'on veut. Toujours répondre à l'attente des autres, jamais à la sienne.	Je redonne à mon pouvoir sa juste valeur. Je prends mes propres décisions. Je me comble moi-même.
Hyperventilation (suroxygénation)	Peur. Résistance au changement. Défiance envers ce qui se passe.	Je suis en sécurité partout dans l'Univers. Je m'aime et fais confiance au processus de la vie.
Hypoglycémie	Accablé par les fardeaux de la vie. « A quoi bon ? »	Dorénavant, je choisis de rendre ma vie lumineuse, facile et joyeuse.
Iléite	Peur. Souci. Sentiment de n'être pas assez bien.	Je m'aime et m'approuve. J'agis au mieux de mes responsabilités. Je suis merveilleux. Je suis en paix.

Impuissance	Pression sexuelle, tension, culpabilité. Préjugés sociaux. Rancœur envers une ancienne partenaire. Peur de la mère.	Maintenant je laisse agir le plein pouvoir de mon principe sexuel, avec aisance et joie.
Incontinence (pour l'enfant, voir « Pipi au lit »)	Un laisser-aller. Sensation de ne plus contrôler ses émotions. Se négliger, mal se nourrir corps et âme.	Le fait de me nourrir nourrit aussi mon entourage. Je suis doux et soigneux avec moi-même. Tout va bien.
Indigestion	Peur au ventre, terreur et anxiété qui tordent les boyaux.	Je digère, j'assimile paisiblement et avec joie toute nouvelle expérience.
Infarctus (voir aussi Cœur)	Extirper toute joie du cœur au profit de l'argent, du statut social, etc.	Je ramène la joie au centre de mon cœur. J'exprime l'amour envers tout.
Infection	Irritation, colère, agacement.	Je choisis d'être en paix et en harmonie.
Infirmités congénitales	Rapport à la destinée (au karma). Vous avez choisi de venir ainsi. Nous choisissons nos parents.	Chaque expérience est parfaite à l'égard de notre croissance. Je suis en paix tel que je suis.
Inflammation (voir aussi « Ite : maladies en …ite) (voir Hygroma)	Peur. Voir rouge. Pensée enflammée.	Ma pensée est paisible, calme et centrée.

Insomnie	Peur. Défiance envers le processus de la vie. Culpabilité.	Je quitte avec amour cette journée et glisse dans un sommeil paisible, sachant que la journée de demain se réglera bien d'elle-même.
Intestins	Représentent l'élimination des déchets.	Relâcher est facile.
— problèmes intestinaux	Peur d'éliminer ce qui est vieux et n'est plus nécessaire.	Je me libère facilement des vieilleries et accueille avec joie ce qui est neuf.
(voir aussi Colite, Constipation, Diarrhée)		
Ite (maladies en ...ite)	Colère et frustration à propos des conditions de votre vie, telles que vous les percevez.	Je consens à changer tous mes modèles de critique. Je m'aime et m'approuve.
Jambes	Elles me font avancer dans la vie.	Vivre est bon pour moi.
— problèmes aux jambes		
• partie supérieure	Fixation sur de vieux traumatismes de l'enfance.	Ceux qui m'ont élevé ont fait de leur mieux avec la compréhension, la conscience et la connaissance qu'ils avaient. Je les libère.

• partie inférieure	Peur de l'avenir. Refus de bouger.	*J'avance avec confiance et joie, sachant que tout ira bien dans mon avenir.*
Jaunisse	Préjudice interne et externe. Raison déséquilibrée.	*J'éprouve tolérance, compassion et amour pour tout le monde comme pour moi-même.*
Kératite	Colère extrême. Un désir de frapper ceux ou ce que vous voyez.	*Je laisse tout l'amour de mon cœur guérir ce que je vois. Je choisis la paix. Tout est bien dans ce monde.*
Kyste	«Douloureusement se refaire le même mauvais cinéma», entretenir ses blessures. Fausse croissance.	*Mon cinéma personnel est beau parce que je le choisis ainsi. Je m'aime.*
Laryngite	La fureur empêche de parler. Peur de parler en son nom propre. Ressentiment contre l'autorité.	*Je suis libre de demander ce que je veux. M'exprimer est sans danger. Je suis en paix.*
Lèpre	Totale incapacité à assumer sa vie. Croire depuis longtemps qu'on n'est ni assez bien ni assez propre.	*Je défie les limites. Le Divin me guide et m'inspire. L'amour guérit tout.*
Leucémie	Tuer brutalement l'inspiration. «À quoi bon?»	*Je franchis mes anciennes limites dans la liberté du présent. Être moi-même est sans danger.*

Leucorrhée	Croire que les femmes n'ont pas de pouvoir. Voir sur le sexe opposé. Colère contre un compagnon.	*Je crée toutes mes expériences. Je suis le pouvoir. Je me réjouis de ma féminité. Je suis libre.*
Lupus	Abandon. Plutôt mourir que se défendre. Colère et punition.	*Je parle en mon nom librement et aisément. Je revendique mon propre pouvoir. Je m'aime et m'approuve. Je suis libre et en sécurité.*
Lymphe — problèmes lymphatiques	Signal d'alerte : votre esprit a besoin de se concentrer sur l'essentiel : l'amour et la joie.	*Je suis maintenant totalement centré sur l'amour et la joie de vivre. Je vogue avec le cours de la vie.*
M.S.T. (maladies sexuellement transmissibles) (voir Vénériennes)		
Mâchoires (problèmes de)	Colère. Ressentiment. Désir de vengeance.	*Je consens à changer les schémas en moi qui engendrent cet état. Je m'aime et m'approuve. Je suis en sécurité.*
Mains	Aptitude à tenir, manipuler, toucher, saisir, agripper, lâcher. Caresser. Pincer. Toutes les façons de prendre en mains les expériences.	*Je choisis de manœuvrer toutes mes expériences avec amour, joie et aisance.*

Mal de mer	Peur. Peur de la mort. Manque de contrôle.	*Je suis totalement en sécurité dans l'Univers. Où que je sois, je suis en paix. Je fais confiance à la vie.*
Mal des transports	Peur. Crainte de ne pas contrôler la situation.	*Je contrôle toujours mes pensées. Je suis en sécurité. Je m'aime et m'approuve.*
Mal de voiture	Peur. Sentiment d'être ligoté et pris au piège.	*J'évolue avec aisance dans le temps et l'espace, seul l'amour m'entoure.*
Maladies d'Addison, d'Alzheimer, de Bright, de Hodgkin et de Parkinson (voir au nom propre).		
Maladies		
— chroniques	Refus de changer. Peur du futur. Sentiment d'insécurité.	*Je consens à changer et à grandir. Je crée maintenant un avenir nouveau et sécurisant.*
— de l'enfance	Croyances populaires répandues dans la société et pseudo-lois. Comportement puéril des adultes qui entourent l'enfant.	*Cet enfant est protégé et entouré d'amour par le Divin. Nous réclamons l'immunité mentale.*
— incurables	A ce stade, ne peuvent être soignées par des moyens extérieurs. Nous devons aller à l'intérieur de nous-mêmes pour effectuer la cure. Ces maladies viennent de nulle part et doivent y retourner.	*Il y a des miracles chaque jour. Je vais à l'intérieur de moi-même pour dissoudre le schéma qui a créé cette maladie. J'accepte maintenant la guérison divine. Et c'est ainsi!*

Mastoïdite	Colère et frustration. Désir de ne pas écouter ce qui se passe. Généralement chez les enfants. Compréhension contaminée par la peur.	*La paix et l'harmonie divines m'entourent et sont en moi. Je suis une oasis de joie, de paix et d'amour. Tout est bien dans mon Univers.*
Maux divers	Désir ardent d'amour. Désir d'être serré dans des bras.	*Je m'aime et m'approuve. Je suis une personne aimante et aimée.*
Maux de tête	Dénigrement de soi. Autocritique. Peur.	*Je m'aime et m'approuve. Je considère mes actions et moi-même avec les yeux de l'amour. Je suis en sécurité.*
Ménopause (problèmes de la) (voir aussi Féminins)	Peur de ne plus être désirée. Peur de vieillir. Peur de ne pas être assez bien. Rejet de soi.	*Je suis équilibrée et calme à chaque changement de cycle, et je bénis mon corps avec amour.*
Menstruation (problèmes de)	Rejet de sa féminité. Culpabilité. Peur. Croire que les organes génitaux sont liés au «péché» ou sales.	*J'accepte tout mon pouvoir en tant que femme. J'accepte tous les processus de mon corps comme normaux et naturels. Je m'aime et m'approuve.*
— syndrome pré-menstruel	Laisser la confusion s'installer, donner le	*Maintenant je prends en charge mon esprit et ma vie. Je suis une femme puis-*

	pouvoir aux influences extérieures. Rejet des processus féminins.	santé et dynamique. Chaque partie de mon corps fonctionne parfaitement. Je m'aime.
Migraines	Ne pas aimer être sous pression. Résister au courant de la vie. Peurs sexuelles. (Peuvent parfois se résoudre par masturbation.)	Je me détends dans le courant de la vie. Je laisse la vie me procurer avec facilité et confort tout ce dont j'ai besoin. La vie est faite pour moi.
Mucosités du côlon (voir Côlon)		
Mycose		
— entre les orteils	Frustration de n'être pas accepté. Être incapable d'avancer avec aisance.	Je m'aime et m'approuve. Je m'autorise à aller de l'avant. Bouger est sans danger.
— des cuir chevelu, poils et ongles (voir Teignes)		
Myopie (voir Yeux)		
Narcolepsie	Être incapable de faire face. Peur extrême. Désir de tout fuir. Ne pas vouloir être ici.	Je m'en remets à la sagesse divine qui me guide et me protège toujours. Je suis en sécurité.

Nausées	Peur. Rejet d'une idée ou d'une expérience.	*Je suis en sécurité. Je fais confiance au processus de la vie pour ne m'apporter que du bien.*
Néphrite	Réaction démesurée à une déception et à un échec.	*Seule la juste action trouve place dans ma vie. J'abandonne l'ancien et accueille le nouveau. Tout est bien.*
Nerfs	Représentent la communication. «Reporters réceptifs.»	*Je communique avec plaisir et joie.*
— crise de nerfs	Nombrilisme. Embouteillage des voies de communication.	*J'ouvre mon cœur et crée une communication aimante. Je suis en sécurité, je suis bien.*
— nervosité	Peur, anxiété, lutte, précipitation. Défiance envers le processus de la vie.	*Je fais un voyage sans fin à travers l'éternité, et il y a largement le temps. Je communique avec mon cœur. Tout est bien.*
Névralgie	Punition pour culpabilité. Communication angoissée.	*Je me pardonne. Je m'aime et m'approuve. Je communique avec amour.*
Nez	Représente la connaissance de soi. L'intuition.	*Je reconnais ma propre capacité d'intuition.*
— saignements de nez	Un besoin d'être reconnu.	*Je m'aime et m'approuve.*

— nez qui coule dans la gorge	Sentiment de n'être ni reconnu ni remarqué. Pleurer en quête d'amour. Pleurer à l'intérieur. Larmes enfantines. Sentiment d'être victime.	*Je reconnais ma véritable valeur. Je suis merveilleux.* *Je reconnais et accepte que je suis le pouvoir créateur dans mon Univers. Je choisis maintenant de prendre plaisir dans ma vie.*
Nodule	Ressentiment, frustration et image blessée de l'ego à l'égard de la carrière.	*Je me libère de ce schéma de retard et désormais je laisse venir à moi le succès.*
Nuque raide (voir aussi Cou)	Entêtement inflexible.	*Il est sans danger de voir d'autres points de vue.*
Odeur corporelle	Peur. Aversion de soi. Peur des autres.	*Je m'aime et m'approuve. Je suis en sécurité.*
Œdème	De qui ou de quoi ne voulez-vous pas vous défaire ?	*Je consens à me libérer du passé. Il est sans danger pour moi de lâcher prise. Je suis libre maintenant.*
Ongles	Représentent la protection.	*Aller vers l'extérieur est sans danger pour moi.*
— se ronger les ongles	Frustration. Se ronger soi-même. Rancune contre un parent.	*Il est sans danger pour moi de grandir. Désormais je prends ma vie en charge avec aise et joie.*

— ongle d'orteil incarné	Souci et culpabilité sur votre droit d'aller de l'avant.	*C'est mon droit divin de prendre ma propre direction dans la vie. Je suis en sécurité. Je suis libre.*
Oreilles	Représentent la capacité d'entendre.	*J'entends avec amour.*
— maux d'oreilles	Colère. Refus d'entendre. Tumulte excessif. Disputes des parents.	*L'harmonie m'entoure. J'écoute avec amour tout ce qui est bon et agréable. Je suis un centre pour l'amour.*
Organes génitaux (voir Génitaux)		
Orteils	Représentent les petits détails de l'avenir.	*Tous les détails se règlent d'eux-mêmes.*
Os	Représentent la structure de l'univers.	*Je suis bien structuré et équilibré.*
— problèmes osseux		
• fracture	Rébellion contre l'autorité.	*Dans mon univers, je suis ma propre autorité, car je suis seul maître de mon esprit.*
• difformité	Être mentalement étriqué et sous pression. Les muscles ne peuvent s'étirer. Perte de la mobilité mentale.	*J'inspire à fond la vie. Détendu, je me fie au cours et au processus de la vie.*

• ostéomyélite	Frustration et colère envers la structure même de la vie. Sentiment de ne pas être soutenu.	*Je suis paisible et confiant dans le processus de la vie. Je suis complètement en sécurité.*
Ovaires (voir aussi Féminins)	Représentent les centres de création. Créativité.	*Je suis équilibrée dans le flux de ma créativité.*
Pancréas	Représente la douceur de la vie.	*Ma vie est douce.*
— pancréatite	Rejet. Colère et frustration car la vie semble avoir perdu sa douceur.	*Je m'aime et m'approuve, créant moi-même la douceur et la joie dans ma vie.*
Paralysie	Peur, terreur. Fuir une personne ou une situation. Résister.	*La vie et moi ne faisons qu'un. Je suis en sécurité et à la hauteur de chaque situation.*
Parasites (voir Mycose, Teigne et Ténia)		
Parkinson (Maladie de)	Peur et désir intense de contrôler toute chose et chacun.	*Je me détends, me sachant en sécurité. La vie est en ma faveur et j'ai confiance en son processus.*
Peau	Protège notre individualité. Organe de sens (le toucher).	*Être moi-même est sans danger.*

— problèmes de peau (voir aussi Points noirs)	Anxiété. Peur. Sentiment d'être menacé. Cloaque de vieux décombres.	*Je me protège avec amour, par des pensées de joie et de paix. Le passé est oublié et pardonné. Je suis libre en cet instant.*
Phlébite	Colère et frustration. Blâmer les autres pour la limitation et l'absence de joie dans la vie.	*La joie se répand désormais librement en moi, et je suis en paix avec la vie.*
Pieds	Représentent notre compréhension : de nous-mêmes, de la vie et des autres.	*Ma compréhension est claire et je consens à changer avec le temps. Je suis en sécurité.*
— problèmes de pieds	Peur de l'avenir. Peur de stagner dans la vie.	*J'avance dans la vie avec joie et aisance.*
— pied de l'athlète (voir Mycose)		
« Pipi au lit »	Peur d'un des parents, généralement du père.	*Cet enfant est perçu avec amour, compassion et compréhension. Tout est bien.*
Pleurer	Les larmes sont la rivière de la vie. On les verse de joie, de tristesse ou de peur.	*Je suis en paix avec toutes mes émotions. Je m'aime et m'approuve.*

Pneumonie	Désespoir. Lassitude de vivre. Blessures émotionnelles qu'on ne laisse pas guérir.	*J'accueille librement les idées divines qui apportent le souffle et l'intelligence de la vie. C'est un nouvel instant.*
Poids (excès de) (voir aussi Graisse/embonpoint)	Peur. Besoin de protection. Fuite des sentiments. Insécurité, rejet de soi. Recherche d'accomplissement.	*Je suis en paix avec mes sentiments. Je suis en sécurité là où je me trouve. Je crée ma propre sécurité. Je m'aime et m'approuve.*
Poignet	Représente le mouvement et l'aisance.	*Je manœuvre toutes mes expériences avec sagesse, amour et aisance.*
Points noirs (voir aussi Peau)	Sentiment d'être sale et de ne pas être aimé.	*Je m'aime et m'approuve. Je suis capable d'aimer comme d'être aimé.*
Poliomyélite	Jalousie paralysante. Désir d'arrêter quelqu'un.	*Il y a assez pour tous. Je crée mon bien et ma liberté en diffusant des pensées d'amour.*
Poumons	Capacité à inspirer la vie.	*J'inspire la vie en parfait équilibre.*
— problèmes de poumons	Dépression. Chagrin. Peur d'inspirer la vie. Se sentir indigne de vivre pleinement.	*J'ai la capacité d'intégrer la vie dans sa plénitude. Je vis amoureusement la vie à pleins poumons.*
Pression artérielle (voir Tension)		

Prostate	Représente le principe masculin.	J'accepte et me réjouis d'être un homme.
— problèmes de prostate	Affaiblissement du principe masculin par des peurs mentales. Attitude d'abandon. Tension et culpabilité sexuelles. Penser vieillir et y croire.	Je m'aime et m'approuve. J'accepte mon propre pouvoir. Je suis et serai toujours jeune d'esprit.
Psoriasis	Peur d'être blessé. Engourdissement des sens et de soi. Refus d'assumer ses propres sentiments.	Je m'éveille à la joie de vivre. Je mérite et accepte ce qu'il y a de mieux dans la vie. Je m'aime et m'approuve.
Pubis (os du pubis)	Représente la protection des organes génitaux.	Ma sexualité est hors de danger.
— toison pubienne	Représente tant l'attraction que la dissimulation.	
Pyorrhée (gingivite expulsive) (voir Gencives)	Colère liée à l'incapacité de prendre des décisions. Chez les personnes hésitantes et floues.	Je m'approuve et mes décisions sont toujours parfaites pour moi.
Rachitisme	Malnutrition émotionnelle. Manque d'amour et de sécurité.	Je suis en sécurité et nourri par l'amour universel.
Rage (maladie)	Colère. Croyance que la violence est la réponse.	La paix est en moi et m'entoure.

Raideur	Pensée rigide et raide.	*Je suis assez en sécurité pour avoir l'esprit souple.*
Rate	Obsession. Être toujours obsédé par quelque chose.	*Je m'aime et m'approuve. J'ai confiance, sachant que le processus de la vie est en ma faveur. Je suis en sécurité. Tout est bien.*
Rectum (voir Anus)		
Reins (problèmes rénaux)	Tout critiquer. Déceptions, échecs. Honte. Réaction puérile.	*L'action divine juste intervient toujours dans ma vie. Chaque expérience ne m'apporte que du bien. Devenir adulte est sans danger.*
Respiration	Représente la capacité à laisser la vie entrer en soi.	*J'aime la vie.*
— problèmes de respiration	Peur ou refus de laisser la vie entrer à fond. Ne pas se sentir le droit d'occuper l'espace et parfois même d'exister.	*C'est mon droit légitime de vivre à fond et librement ma vie. Je suis digne d'amour. Je choisis maintenant de vivre pleinement.*
Rétention d'eau	Qu'avez-vous peur de perdre ?	*Je consens à me soulager avec joie.*
Rhumatisme	Se sentir victime.	*Je crée mes propres expériences. J'aime*

	Manque d'amour. Amertume chronique. Ressentiment.	*et approuve les autres et moi-même ; dans le même temps, mes expériences s'améliorent de jour en jour.*
Rhumes	Trop d'affaires en cours à la fois. Confusion mentale, désordre, petites blessures. Prêter foi aux croyances du genre : « J'ai trois rhumes chaque hiver. »	*Je permets à mon esprit de se détendre et d'être en paix. Clarté et harmonie sont en moi et m'entourent.*
— rhume des foins	Congestion émotionnelle. Peurs rituelles, annuelles. Croire en la persécution. Culpabilité.	*Je suis un avec le Tout. Je suis en sécurité à tout moment.*
Ronflement	Refus entêté d'abandonner les vieux schémas.	*Je dégage mon esprit de tout ce qui diffère de l'amour et la joie. Je quitte le passé pour ce qui est nouveau, frais et vif.*
Rots, éructations	Peur. Gober la vie trop vite.	*Il y a temps et place pour tout ce que j'ai besoin de faire. Je suis en paix.*
Saignements	La joie s'en va. Mais où ? Colère.	*Je suis la joie de vivre ; j'exprime et reçois tout au bon rythme.*
— saignement ano-rectal	Colère et frustration.	*Je fais confiance au processus de la vie. Seule l'action juste et bonne se produit dans ma vie.*

— saignement des gencives	Manque de joie dans les décisions prises.	*Je suis confiant, car l'action juste prend toujours place dans ma vie. Je suis en paix.*
Sang	Représente la joie qui circule librement dans le corps.	*Libre d'exprimer et de recevoir, je suis la joie de vivre.*
— problèmes de sang	Manque de joie. Circulation insuffisante des idées.	*Les idées nouvelles et joyeuses circulent librement en moi.*
— sang anémique (voir Anémie)		
— sang coagulé (dans les veines ou artères)	Fermer la circulation de la joie.	*J'éveille une nouvelle vie en moi. Je vogue.*
Sciatique	Hypocrisie. Peur de l'argent et de l'avenir.	*Je vais de l'avant pour mon plus grand bien. Le meilleur de moi-même est partout et je suis en parfaite sécurité.*
Sclérose en plaques	Esprit dur, cœur sec, volonté de fer, inflexibilité. Peur.	*En choisissant l'amour, les pensées joyeuses, je crée un monde aimant et joyeux. Je suis en sécurité et libre.*

Scoliose (voir Colonne vertébrale)		
Seins	Représentent la maternité et le maternage.	*Je prends et donne la nourriture de façon parfaitement équilibrée.*
— problèmes de seins (kystes, grosseurs, douleurs)	Surmaternage, surprotection, attitudes dominatrices. Supprimer la nourriture.	*Je suis libre d'être moi-même et j'autorise les autres à être eux-mêmes. Il est sans danger pour nous tous de grandir.*
Sénilité	Retour à la prétendue sécurité de l'enfance. Demande de soins et d'attention. Forme de contrôle sur ceux qui vous entourent. Évasion.	*Protection divine. Sécurité. Paix. L'Intelligence de l'Univers opère à chaque palier de la vie.*
Sida	Refus de soi. Culpabilité sexuelle. Croire qu'on n'est pas à la hauteur.	*Je suis une expression divine et magnifique de la vie. Je me réjouis de ma sexualité. Je me réjouis de tout ce que je suis. Je m'aime.*
Sinus (problèmes de sinus)	Irritation à l'encontre d'une personne proche.	*Je déclare que la paix et l'harmonie sont en moi et m'entourent à chaque instant. Tout est bien.*

Stérilité	Avoir peur et résister au processus de la vie. Ou ne pas avoir besoin de vivre l'expérience parentale.	*Je fais confiance au processus de la vie. Je suis toujours au bon endroit, accomplissant ce qu'il faut au bon moment. Je m'aime et m'approuve.*
Surdité	Rejet, entêtement, isolement. Que refusez-vous d'entendre ? Attitude du «laissez-moi tranquille».	*J'écoute le Divin et me réjouis de tout ce que je peux entendre. Je suis à l'unisson avec tout.*
Surrénaux (problèmes de capsules surrénales)	Défaitisme. Cesser de prendre soin de soi. Anxiété.	*Je m'aime et m'approuve. Prendre soin de moi est sans danger pour moi.*
Syndrome prémenstruel (voir Menstruation)		
Syphilis (voir Vénériennes)		
Teigne	Laisser les autres se mettre dans sa peau. Sentiment de sa propre insuffisance ou saleté.	*Je m'aime et m'approuve. Rien ni personne n'a de pouvoir sur moi. Je suis libre.*
Ténia	Se croire profondément victime et sale.	*Les autres ne reflètent que les sentiments*

	Désarmé par l'attitude qu'on prête aux autres.	positifs que j'ai de moi. J'aime et approuve tout ce que je suis.
Tension artérielle — hypertension (trop élevée)	Problème émotionnel ancien et non résolu. Se faire des montagnes d'un rien.	Je me libère joyeusement du passé. Je suis en paix.
— hypotension (trop basse)	Manque d'amour dans l'enfance. Défaitisme : « A quoi bon, de toute manière, ça ne marchera pas. »	Je choisis maintenant de vivre dans un PRÉSENT toujours joyeux. Ma vie est une joie.
Testicules	Principe masculin, virilité.	Il est sans danger d'être un homme.
Tétanos (voir aussi Trismus)	Besoin d'abandonner les vieilles pensées purulentes.	Je laisse l'amour de mon cœur laver, purifier, guérir chaque partie de mon corps et toutes mes émotions.
Thrombose coronarienne	Sentiment de solitude et de frayeur. Croire qu'on « n'est pas assez bien, n'en fait jamais assez, n'y arrivera jamais ».	Je ne fais qu'un avec la vie. L'Univers me soutient totalement. Tout est bien.
Thyroïde (voir aussi Hyperthyroïdie)	Humiliation. « Je n'arrive jamais à faire ce que je veux faire. Quand viendra donc mon tour ? »	Je dépasse mes vieilles limites et m'autorise dorénavant à m'exprimer de façon libre et créative.
Torticolis (voir aussi Cou)	Entêtement, inflexibilité.	Voir d'autres points de vue est sans danger.

Toxicomanie	Se fuir soi-même et ignorer comment s'aimer. Peur.	Maintenant je découvre combien je suis merveilleux. Je choisis de m'aimer et de prendre plaisir à la vie.
Traits tombants, mous	Les traits du visage qui flanchent quand les pensées flanchent aussi. Ressentiment envers la vie.	J'exprime la joie de vivre et me permets de prendre tout le plaisir de chaque instant, chaque jour. Je redeviens jeune.
Trismus	Colère. Désir de contrôler. Refus d'exprimer ses sentiments.	Je fais confiance au processus de la vie. Je demande facilement ce que je veux. La vie me soutient.
Tuberculose	Dépérissement par égoïsme. Possessivité. Pensées cruelles. Vengeance.	Tandis que je m'aime et m'approuve, je crée un monde où vivre dans la joie et la paix.
Tumeurs	Entretenir d'anciens chocs et blessures. S'échafauder des remords.	Je me libère avec amour du passé et me tourne vers ce nouveau jour. Tout est bien.
— tumeur au cerveau (voir Cerveau)		
Ulcères	Peur. Vous êtes persuadé de ne pas être à la hauteur? Qu'est-ce qui vous ronge?	Je m'aime et m'approuve. Je suis en paix. Je suis calme. Tout est bien.

— ulcère peptique	Peur. Croire qu'on n'est pas assez bien. Vouloir à tout prix faire plaisir.	*Je m'aime et m'approuve. Je suis en paix avec moi-même. Je suis merveilleux.*
Urine (infections urinaires)	Rage qui s'adresse en général au sexe opposé ou au partenaire. S'en prendre aux autres.	*Je débarrasse ma conscience du schéma qui a créé cet état. Je suis prêt à changer. Je m'aime et m'approuve.*
Urticaire	Petites peurs cachées. Faire des montagnes d'un rien.	*J'apporte la paix à chaque parcelle de ma vie.*
Utérus (voir aussi Féminins)	Représente le foyer de la créativité.	*Je suis bien chez moi dans mon corps.*
Vaginite	Colère contre un partenaire. Culpabilité sexuelle. Autopunition.	*Les autres reflètent l'amour et l'approbation que j'ai de moi. Je me réjouis de ma sexualité.*
Varices	Rester dans une situation que l'on déteste. Découragement. Sentiment d'être débordé et surchargé.	*Je me tiens dans la vérité, je vis et bouge allégrement. J'adore la vie et circule librement.*
Végétations	Conflits familiaux, disputes. Enfant qui se sent malvenu au monde et croit déranger.	*Cet enfant est désiré, accueilli et profondément aimé.*

Vénériennes (maladies)	Culpabilité sexuelle. Besoin de punition. Croyance que les organes génitaux sont sales ou qu'ils relèvent du « péché ». Abuser d'autrui.	J'accepte avec amour et joie ma sexualité et son expression. Je n'accepte que les pensées qui me soutiennent et me rendent heureux.
Verrues	Petites expressions de haine. Croire en la laideur.	Je suis l'expression même de l'amour et de la beauté de la vie.
— verrue plantaire	Colère à la base de la compréhension. Projeter ses frustrations concernant le futur.	J'avance avec confiance et aisance. Je me fie au processus de la vie et me laisse guider par lui.
Vers, parasites (voir Mycose, Teigne, Ténia)		
— ver solitaire (voir Ténia)		
Vertiges, étourdissements	Fuir; pensées dispersées. Refus de regarder.	Je suis profondément centré et tranquille dans la vie. Il est sans danger pour moi de vivre et d'être heureux.
Vessie (problèmes de)	Anxiété. S'accrocher aux vieilles idées. Peur de lâcher prise.	Je me libère de ce qui est vieux et j'accueille avec aisance et confort la nouveauté dans ma vie. Je suis en sécurité.

Vieillissement (problèmes de)	Préjugés sociaux. Vieilles façons de penser. Peur d'être soi-même. Rejet du présent.	Je m'aime et m'approuve à tout âge. Chaque moment de la vie est parfait.
Visage	C'est ce que nous présentons au monde.	Je suis et exprime ce que je suis sans danger.
Vitiligo	Ne pas appartenir. Se sentir extérieur aux choses et à l'entourage.	Je suis au cœur même de la vie et totalement relié à tout avec amour.
Vulve	Représente la vulnérabilité.	
Yeux (voir aussi Cataracte)	Représentent la clairvoyance à l'égard du passé, du présent comme de l'avenir.	Je vois avec amour et joie.
— problèmes d'yeux	Vous n'aimez pas ce que vous voyez dans la vie.	Je crée maintenant une vie que j'aime regarder.
— astigmatisme	« Problèmes avec soi-même. » Peur de se regarder soi-même vraiment en face.	Maintenant je suis prêt à voir ma propre beauté et magnificence.
— chez les enfants	Refus de voir ce qui se passe dans la famille.	L'harmonie, la joie, la beauté, la sécurité entourent maintenant cet enfant.
— glaucome	Refus de pardonner en bloc. Pression résultant d'anciennes blessures. Sentiment d'être submergé par tout.	Je vois avec amour et tendresse.

— hypermétropie	Peur du présent.	*Je suis en sécurité ici et maintenant ; je vois bien cela.*
— myopie	Peur de l'avenir.	*Je me laisse guider par le Divin et suis toujours en sécurité.*
— strabisme convergent	Refus d'élargir son champ de vision. Objectifs contradictoires.	*Il est sans danger pour moi de voir. Je suis en paix.*
— strabisme divergent	Peur de regarder juste ici le présent en face.	*Je m'aime et m'approuve ici et maintenant.*
Zona	Attendre la « prochaine tuile ». Peur et tension. Être trop sensible.	*Je suis détendu et paisible, parce que je fais confiance au processus de la vie. Tout est bien dans mon univers.*

QUATRIÈME PARTIE

CHAPITRE SEIZE

Mon histoire

« Nous ne sommes qu'un. »

« Pourriez-vous me raconter votre enfance en quelques mots ? » Cette question, je l'ai posée à d'innombrables clients. Je ne m'intéresse pas à tous les détails de leur vie, mais il me faut établir un schéma général de leur environnement familial. S'ils connaissent des problèmes aujourd'hui, les schémas qui les ont créés appartiennent à un passé lointain.

Je n'avais que dix-huit mois quand mes parents divorcèrent et je n'en garde pas l'impression d'un événement traumatisant. En revanche, je me rappelle avec effroi l'époque où ma mère commença à travailler et dut me placer dans une famille. On raconte que je n'ai pas cessé de pleurer pendant trois semaines. C'en était trop pour cette famille qui pria ma mère de me reprendre. Elle se débrouilla donc seule et je ne peux que lui exprimer mon admiration. Cependant, j'étais consciente que je ne recevais pas tout l'amour et l'attention auxquels j'étais habituée.

Je n'ai jamais su si ma mère se remaria par amour ou dans l'unique but de créer une famille pour moi. Malheureusement, son choix s'avéra désastreux.

L'homme qu'elle épousa venait d'une famille pertur-
bée ; enfant, il n'avait connu que brutalité et haine.
J'eus bientôt une petite sœur et quand la crise des
années trente s'abattit sur l'Amérique, nous formions
une famille marquée par la violence. J'avais cinq ans.

Pour compléter ce tableau, je fus violée à cette
époque par un vieil alcoolique. Je me souviens très
clairement de mon examen médical et du jugement
qui suivit. Le coupable fut condamné à quinze ans de
prison. Pourtant, on répéta souvent : « C'était ta faute »,
ce qui me fit longtemps craindre que, sorti de prison,
cet homme ne se venge de ce que « je » lui avais
infligé.

Pendant la plus grande partie de mon enfance, je
subis sévices corporels et sexuels, fus constamment
chargée de durs travaux domestiques. Mon image de
moi-même se dégrada rapidement ; je n'osais plus rien
espérer de la vie. Ce schéma négatif influençait progressivement mes actes.

A l'âge de onze ans, je fus victime d'un incident qui
témoigne bien des conditions de mon enfance. Une
fête avait été organisée à l'école. La plupart de mes
camarades venaient de familles relativement aisées,
alors que moi-même je portais des habits usés, j'étais
chaussée de vieux souliers montants et coiffée comme
une sorcière. En outre, l'ail cru que l'on me forçait à
avaler tous les jours « contre les vers » dégageait une
très forte odeur. Faute d'argent, nous ne mangions
jamais de dessert. Une vieille voisine me donnait dix
centimes toutes les semaines, et je recevais un dollar à
mon anniversaire et à Noël. Les dix centimes étaient
consacrés au budget familial, alors que le dollar ser-
vait à acheter mes sous-vêtements pour l'année.

Les maîtresses d'école avaient apporté tellement de
gâteaux que les enfants se servirent tous plusieurs

morceaux. Mais quand mon tour arriva enfin (j'étais évidemment la dernière), il n'en restait pas la moindre miette.

Aujourd'hui, il m'est facile de comprendre que je portais déjà en moi la croyance confirmée que je ne valais rien, donc que je ne MÉRITAIS RIEN. J'avais créé MON schéma de pensée à l'image de mes croyances. Ce schéma ne pouvait me placer qu'en fin de liste.

A quinze ans, ne supportant plus les avances sexuelles de mon beau-père, je décidai de fuir. Je quittai donc la maison et l'école, pour m'engager comme serveuse dans un café. Ce travail me paraissait bien moins pénible que les tâches qu'on me confiait à la maison.

Totalement frustrée d'amour et d'affection, je m'offrais à qui me témoignait la moindre gentillesse. A scize ans, j'attendais déjà une petite fille. Comme je ne me sentais pas capable de l'élever, je trouvai un couple qui désirait ardemment un enfant et qui prit soin de moi pendant les quatre derniers mois de ma grossesse. Ils donnèrent leur nom à ma fille.

Ainsi, je ne connus jamais les joies de la maternité, mais seulement un profond sentiment de culpabilité, de honte et d'échec. Aujourd'hui, je ne me rappelle que ses longs orteils, pareils aux miens. Et si je la rencontre, c'est à eux que je la reconnaîtrai. Elle avait cinq jours quand je la vis pour la dernière fois.

Je retournai à la maison pour y rechercher ma mère, toujours victime, et lui dire : « Pourquoi continues-tu à vivre ainsi ? Viens avec moi. » Ce qu'elle fit. Elle quitta donc son mari et ma demi-sœur de dix ans, que son père adorait.

Je trouvai pour ma mère du travail dans un hôtel, et l'installai dans un petit appartement coquet. Ayant l'impression d'avoir accompli mon devoir, je partis pour Chicago, pensant y séjourner un mois avec une amie. Trente années s'écoulèrent avant mon retour.

A cette époque, la violence que j'avais connue enfant, liée à mon profond sentiment d'impuissance et de médiocrité, ne pouvait attirer à moi que des hommes brutaux et violents. Je risquais de passer ma vie entière à les détester et à revivre constamment les mêmes expériences négatives. Cependant, grâce à un travail de pensée positive, je retrouvai progressivement l'estime de moi-même ; ces hommes disparurent alors de ma vie. Ils ne concordaient plus à cet ancien schéma de pensée qui me poussait à croire que je ne méritais que de mauvais traitements. Je ne les condamne pas, sachant que je ne les aurais pas connus sans ce schéma. Aujourd'hui, ce genre d'homme ignore même mon existence, nos schémas ne s'attirant plus.

Après quelques années passées à Chicago à vivre d'expédients, je partis pour New York où une chance incroyable me fit trouver un emploi de mannequin. Pourtant, même ce travail ne suffit pas pour que je regagne ma propre estime. En effet, chaque fois que je me regardais dans un miroir, je ne me trouvais que des défauts.

Je vécus dans le monde de la haute couture pendant de nombreuses années. J'y rencontrai un merveilleux Anglais de bonne famille que j'épousai quelques mois plus tard. Nous avons beaucoup voyagé ensemble, rencontré une foule de gens intéressants, et avons même dîné à la Maison Blanche. Malgré tout, je continuais à me sous-estimer. Seul un travail intérieur pouvait mettre fin à ce comportement négatif.

Un jour, après quatorze ans de mariage, au moment même où je commençais à croire à un bonheur durable, il m'annonça brutalement qu'il me quittait pour une autre femme. Le monde s'écroula autour de moi et je vécus plusieurs mois très pénibles. Mais avec le temps, je parvins à remonter la pente ; je me sentais aussi changer. Un numérologue confirma cette amélioration en m'annonçant, pour l'automne suivant, un petit événement qui bouleverserait ma vie.

Cet événement fut si anodin que je n'en pris conscience qu'après plusieurs mois : je m'étais rendue à une conférence organisée à New York par l'Église de la Science Religieuse. Bien qu'ignorant ses dogmes, j'entendais comme une voix me disant : « Écoute attentivement. » Ce que je fis en me rendant aux cultes du dimanche, mais aussi en m'inscrivant aux cours hebdomadaires donnés par cette institution. Peu à peu, je me détachai du milieu de la mode. Ma taille ou le dessin de mes sourcils me paraissaient des préoccupations bien futiles. A cette époque, je dévorais tous les livres sur la métaphysique et la guérison.

L'Église de la Science Religieuse devint ma nouvelle maison et, grâce à mon assiduité aux études, je réussis, trois mois plus tard, l'examen pour devenir conseiller au sein de cette Église.

C'était un commencement. Je m'initiai aussi à la Méditation Transcendantale. Comme je devais attendre une année pour m'inscrire au cours de prédication, je décidai de suivre, pendant six mois, l'enseignement prodigué par le MIU — Maharishis' International University — à Fairfield, dans l'Iowa.

Ce choix se révéla parfait. Durant l'année d'introduction, nous suivions chaque semaine un cours sur différents sujets (tous inconnus pour moi) : biologie, chimie et même théorie de la relativité. Nous subissions un examen tous les samedis matin, avions congé le dimanche et débutions la semaine par un nouveau sujet.

Comme je me trouvais loin des distractions et des

artifices de New York! Le dîner terminé, nous nous rendions dans nos chambres pour étudier. Bien qu'étant l'étudiante la plus âgée, je ne me suis jamais ennuyée. Nous méditions quatre fois par jour. Il nous était interdit de boire et de fumer. Nous vivions si sainement que le jour de mon départ, la fumée du hall de l'aéroport me donna la nausée.

Rentrée à New York, je repris ma vie normale. Je commençai le cours de prédication et travaillai activement au sein de l'Église et de ses activités sociales. Je prenais la parole aux réunions et vis de nombreux clients. Bientôt, cet emploi occupa toute ma journée. Outre mon travail, je me mis à écrire un petit livre intitulé *GUÉRIR VOTRE CORPS*, contenant une liste de maladies et leurs causes métaphysiques. Je donnai aussi des conférences, voyageai fréquemment et enseignai à de petits groupes.

Un jour, je découvris soudainement que j'étais atteinte d'un cancer.

Étant donné mes expériences d'enfance tellement négatives, notamment le viol, je ne m'étonnais pas d'avoir créé ce cancer dans ma région vaginale.

Ma première réaction fut celle de toutes les personnes dans ce cas : la panique totale. Cependant, grâce à mon travail, je connaissais l'efficacité de la guérison mentale. L'occasion m'était donnée de me la prouver. N'avais-je pas écrit un livre sur les structures mentales? Je savais que le cancer trahit un ressentiment tellement profond et durable qu'il finit par ronger notre corps. J'avais refusé de dissoudre la colère et le ressentiment envers «eux» accumulé pendant mon enfance. Je n'avais pas une minute à perdre. Un travail considérable m'attendait.

Pour moi, malgré son apparence effrayante, le terme *INCURABLE* signifie simplement qu'une maladie ne peut être guérie par une thérapie extérieure, et que par conséquent nous devons sonder notre inconscient pour y parvenir. Je savais que si je subissais une opération sans me débarrasser de mes schémas intérieurs, cette intervention serait inévitablement suivie d'autres, jusqu'à ce qu'il n'y ait plus rien à couper sur Louise. Cette idée ne m'enchantait guère.

En revanche, une ablation de la tumeur suivie d'un nettoyage mental empêcherait toute résurgence. Je doute qu'un cancer ou toute autre maladie ne réapparaisse que parce qu'« ils n'ont pas tout enlevé ». Les rechutes surviennent lorsqu'un patient n'a pas effectué de changement mental. Il recrée ainsi la même maladie, parfois ailleurs.

J'étais donc persuadée qu'une opération ne serait pas nécessaire si je parvenais à me défaire du schéma mental qui avait provoqué mon cancer. Après de longues discussions avec les médecins et surtout après leur avoir dit que j'étais sans argent, ils repoussèrent de trois mois l'échéance de leur intervention.

Je voulais me guérir de mes propres mains. Je rassemblai toutes les informations et tous les livres que je trouvai sur les thérapies alternatives. Ils m'aideraient à vaincre la maladie.

Dans les librairies, dans les magasins diététiques, j'achetai aussi tous les ouvrages sur le cancer. Je m'inscrivis même à la bibliothèque pour pousser plus loin mes recherches. Par la lecture, je m'initiai aussi à la réflexologie et à la thérapie colonique, car je sentais que ces techniques me seraient bénéfiques. Je rencontrai les personnes qu'il fallait. Je me mis en quête d'un spécialiste de la réflexologie et me rendis un soir à une conférence sur ce sujet. Contrairement à mon habitude, j'étais assise au fond de la salle quand un homme s'installa à mes côtés. Il était réflexologue !

Pendant deux mois, il vint me soigner trois fois par semaine à domicile et me fut d'une grande aide.

Je savais aussi que je devais m'aimer beaucoup plus. On m'avait donné peu d'amour pendant mon enfance et personne n'avait contribué à ce que je me sente bien dans ma peau. J'avais perpétué le comportement négatif de mon entourage à mon égard : je me critiquais sans cesse.

Mon travail pour l'Église m'avait confirmé que je devais m'aimer et m'approuver. Pourtant, comme pour un régime que l'on repousse toujours au lendemain, je n'y arrivais pas encore. Mais le moment était venu. Au début, il me fut pénible de me mettre face à un miroir et de me déclarer : « Je t'aime très sincèrement, Louise. » Je ne me suis pas découragée et il fallut peu de temps avant que je ne remarque un changement d'attitude dans certaines situations. Je me dénigrais de moins en moins, signe d'un réel progrès.

Je savais que je devais impérativement me débarrasser du schéma de ressentiment que je gardais de mon enfance. Oui, mon enfance avait été difficile, marquée par d'incessants mauvais traitements. Mais ce passé était révolu depuis longtemps. Il ne devait plus me servir d'excuse pour me maltraiter. Si je me rongeais littéralement le corps par une tumeur cancéreuse, cela signifiait que je n'avais pas pardonné.

Il était temps de dépasser les incidents de ma jeunesse afin de *COMPRENDRE* quelles expériences avaient créées les personnes qui n'avaient pas su me rendre heureuse.

Un bon thérapeute m'aida à sortir la rancœur et la rage accumulées en moi en me faisant frapper des coussins et hurler. Je me sentis aussitôt soulagée. Puis je rassemblai les souvenirs de ce que mes parents m'avaient raconté de leur propre enfance. Je les vis alors sous un autre angle. Grâce à ma compréhension et conscience d'adulte, j'éprouvais maintenant de la compassion envers leur propre souffrance ; et ma rancœur finit par se dissoudre.

En outre, j'eus recours à un nutritionniste pour me nettoyer de toutes les toxines accumulées pendant des années de mauvaises habitudes alimentaires. J'ai compris à quel point elles nous empoisonnent, comme les croyances négatives empoisonnent notre mental. Il m'imposa un régime draconien, essentiellement composé de légumes verts. Trois séances hebdomadaires d'irrigation colonique complétèrent ce traitement pendant le premier mois.

Je ne me fis pas opérer, et grâce à tout ce travail de nettoyage mental et physique, les médecins durent admettre ce que je savais déjà : au bout de six mois, la tumeur cancéreuse avait totalement disparu ! J'avais donc acquis, par mon expérience personnelle, la certitude que *NOUS POUVONS GUÉRIR SI NOUS CONSENTONS À CHANGER NOTRE MANIÈRE DE PENSER ET D'AGIR !*

Ainsi, une tragédie se transforme-t-elle parfois en miracle. Dès lors, riche de cette expérience, je perçus la vie avec un regard neuf. Réfléchissant à ce qui comptait vraiment pour moi, je décidai de quitter New York, ses rues sans arbres et les rigueurs de son climat. Certains de mes clients eurent très peur de me voir partir. Je les rassurai en leur disant que je reviendrais deux fois par an pour m'assurer de leurs progrès, et qu'ils pouvaient toujours me téléphoner en cas d'urgence. Je fermai donc mon cabinet et choisis Los Angeles pour commencer ma nouvelle vie. Je pris le train, faisant de mon voyage jusqu'en Californie une promenade.

Bien que née là-bas, je n'y connaissais personne sauf ma mère et ma sœur qui vivaient dans la banlieue de Los Angeles. Nous n'avions jamais formé une famille unie ; cependant je fus choquée d'apprendre que ma mère avait perdu la vue depuis quelques années, sans que personne ne se soucie de m'en informer. Ma sœur se déclara « trop occupée » pour me rencontrer et je résolus de la laisser en paix et de me débrouiller seule.

Mon livre GUÉRIR VOTRE CORPS m'ouvrit de nombreuses portes. Je me rendais à toutes les manifestations du Nouvel Age qui avaient lieu, et je me présentais avec un exemplaire de mon petit livre. Je profitai de cette période relativement calme pour aller à la plage, sachant que je disposerais de moins de temps par la suite. Peu à peu les clients vinrent à moi. Je fus invitée à donner des conférences, Los Angeles m'accueillait. Deux ans plus tard, j'emménageai dans un logement très agréable.

Quel chemin parcouru entre mon enfance et ma nouvelle vie, et quelle ouverture de ma conscience ! Tout allait au mieux. Nos vies peuvent changer si rapidement.

Un soir, ma sœur me téléphona — pour la première fois depuis deux ans. Elle m'annonça que ma mère, alors âgée de 90 ans, aveugle et très sourde, s'était fracturé la colonne vertébrale en tombant. Un instant avait suffi pour rendre invalide cette femme autrefois si robuste et indépendante.

Cet accident ouvrit une brèche dans le mur de silence qui entourait ma sœur. Enfin s'établissait entre nous une amorce de dialogue. Ainsi, elle m'apprit qu'elle souffrait beaucoup du dos, en position assise comme en marchant. Elle endurait ses douleurs sans rien dire et son mari ne se doutait de rien.

Ma mère put sortir de l'hôpital au bout d'un mois. Dans l'impossibilité de vivre seule, elle vint habiter chez moi. Malgré ma confiance en la vie, j'étais effrayée par cette nouvelle responsabilité ; je déclarai spontanément à Dieu : « D'accord, je m'occuperai d'elle, mais il faudra que tu m'aides et que tu m'apportes l'argent nécessaire ! »

La semaine suivant son arrivée, je dus m'absenter pour plusieurs jours. Comme je ne pouvais la laisser seule, je fis une autre prière : « Dieu, aide-moi. Je dois trouver quelqu'un avant mon départ. »

Mon vœu fut exaucé. La personne idéale « apparut » et s'installa chez moi pour faire marcher la maison. Ainsi se confirmait une autre de mes croyances : « Tout ce que je dois savoir m'est révélé, et le Divin pourvoit à tout ce dont j'ai besoin. »

Une nouvelle leçon m'était donnée. C'était l'occasion de me débarrasser des schémas négatifs de mon enfance.

Ma mère n'avait pas pu me protéger quand j'étais une petite fille. Mais maintenant, je devais et pouvais le faire pour elle. Une nouvelle aventure commençait avec ma mère et sa sœur.

Donner à ma sœur l'aide qu'elle me demandait constituait un autre défi. Elle me révéla qu'après mon départ avec ma mère, mon père avait reporté sur elle sa colère et sa violence.

Je compris que son problème physique était aggravé par sa tension et sa crainte permanentes, ainsi que par la croyance de ne rien pouvoir atteindre des autres. Et Louise, qui ne voulait pourtant pas jouer les sauveurs, se trouvait poussée à aider sa sœur à choisir le bien-être.

Le travail a commencé lentement et se poursuit encore aujourd'hui. Je m'efforce de lui apporter un sentiment de sécurité, tandis que nous explorons les diverses méthodes de guérison.

De son côté, ma mère réagit bien. Elle fait avec application de la rééducation quatre fois par jour. Son corps retrouve force et souplesse. Je l'ai aussi encouragée à porter un appareil acoustique, qui lui a redonné de l'intérêt pour ce qui se passe autour d'elle. Je l'ai même persuadée, malgré son appartenance à la Science Chrétienne, de se faire opérer de la cataracte. Quel bonheur pour elle de voir à nouveau, et pour nous de partager sa joie et sa soif de lecture.

Comme jamais auparavant, nous passons de longues soirées à bavarder. Nous sommes liées par une compréhension, une complicité que nous n'aurions jamais soupçonnées. Nous nous libérons de plus en plus en riant et en pleurant ensemble. Parfois elle touche un point encore sensible chez moi, ce qui me montre par où poursuivre ma démarche de clarification.

Mon travail a progressé au point que j'ai engagé des assistants sous l'œil bienveillant de Charlie Gehrke, mon conseiller personnel. Nous avons ouvert un centre où se déroulent des cours, ainsi que des stages en résidentiel.

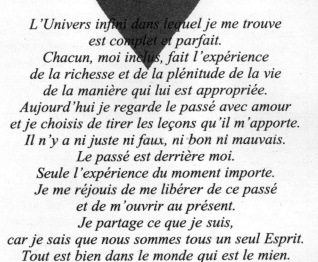

*L'Univers infini dans lequel je me trouve
est complet et parfait.
Chacun, moi inclus, fait l'expérience
de la richesse et de la plénitude de la vie
de la manière qui lui est appropriée.
Aujourd'hui je regarde le passé avec amour
et je choisis de tirer les leçons qu'il m'apporte.
Il n'y a ni juste ni faux, ni bon ni mauvais.
Le passé est derrière moi.
Seule l'expérience du moment importe.
Je me réjouis de me libérer de ce passé
et de m'ouvrir au présent.
Je partage ce que je suis,
car je sais que nous sommes tous un seul Esprit.
Tout est bien dans le monde qui est le mien.*

*AU CENTRE PROFOND DE MON ÊTRE se trouve
un puits infini d'amour. Je laisse à présent cet amour
déferler à la surface. Il remplit mon cœur, mon corps,
mon esprit, ma conscience, il émane de moi, rayonnant
dans toutes les directions, et me revient amplifié.
Plus je donne d'amour, plus j'en ai à donner ;
la source est intarissable. Faire agir l'amour
ME REND HEUREUSE, c'est une expression
de ma joie intérieure. Je m'aime, donc je prends soin
de mon corps avec amour. Avec amour je lui donne
aliments et boissons qui le nourrissent, avec amour
je le soigne et l'habille, avec amour il me répond
à son tour en vibrant de santé et d'énergie. Je m'aime,
donc je m'assure un logis confortable, où j'ai plaisir
à me trouver et qui pourvoit à tous mes besoins.
J'emplis les pièces de vibrations d'amour, afin qu'en
entrant, tous — y compris moi-même — sentent cet
amour et en soient nourris. Je m'aime, donc je fais un
travail qui me plaît vraiment, avec et pour des gens
que j'aime et qui m'aiment ; un travail qui met en
valeur mes compétences et talents créatifs tout en
m'assurant de bons revenus. Je m'aime, donc j'ai
une attitude et des pensées aimantes envers tout
le monde, car je le sais, tout ce que j'émets me revient
amplifié. J'attire uniquement des gens aimants dans
mon univers, car ils sont un miroir de ce que je suis.
Je m'aime, donc je pardonne, me libérant complètement du passé et de toutes les expériences passées, et
je suis libre. Je m'aime, donc j'aime sans réserve l'instant présent, j'expérimente chaque moment comme
agréable, sachant que mon avenir est lumineux, joyeux
et protégé ; car je suis l'enfant aimé dont l'Univers
prend soin avec amour maintenant et toujours.
Et c'est ainsi.*

Suggestions pour la guérison holistique

Corps

Nutrition

Régimes (combinaisons alimentaires, macrobiotique…), plantes, vitamines, remèdes de Bach, homéopathie, etc.

Activités physiques

Yoga, trampoline, marche, danse, cyclisme, tai-chi, arts martiaux, natation, sports, etc.

Thérapies alternatives

Acupuncture, acupressure, thérapie colonique, réflexologie, radionique, chromothérapie, massage et travail
sur le corps :
> Alexander, bioénergie, méthode Feldenkrais, toucher
> pour la santé, rolfing, polarité, tragger, reiki.

Techniques de relaxation

Désensibilisation systématique, respiration en profondeur, biofeedback, sauna, thalassothérapie, planche
inclinée, musique...

Mental

Affirmations, imagerie mentale, imagerie guidée, méditation, amour de soi.

Techniques psychologiques

Gestalt, hypnose, analyse transactionnelle, rebirth, travail sur les rêves, psychodrame, travail sur les vies antérieures, thérapie jungienne, psychothérapies humanistes, astrologie, art-thérapie…

Esprit

Prière

Demander ce que l'on veut, pardon, apprendre à recevoir (permettre la présence de Dieu en soi), accepter, lâcher prise.

Travail de groupe

Méditation transcendantale...

Cela fait longtemps que je crois : «Tout ce que je dois savoir m'est révélé. » «Je reçois tout ce dont j'ai besoin. » «Tout est bien dans ma vie. » Il n'y a pas de nouvelle connaissance. Tout est originel et infini. Je me fais un plaisir de réunir toujours plus de sagesse et de connaissance, afin qu'en bénéficient ceux qui suivent le chemin de la guérison. Je dédie cet ouvrage à tous ceux d'entre vous qui m'ont enseigné ce que je sais : à mes nombreux clients, à mes amis, à mes maîtres et, enfin, à l'Intelligence Divine et Infinie qui transmet à travers moi un message dont d'autres ont besoin.

Table des matières

Avant-propos   7

Première partie : Introduction   9

Quelques suggestions à mes lecteurs 11
Les grandes lignes de ma philosophie 13

Chapitre 1 : Ce que je crois 17

La vie est vraiment très simple. Tout ce que nous
    donnons nous sera rendu 17
L'univers soutient entièrement chacune
    de nos pensées et croyances 18
La puissance universelle ne nous juge
    ni ne nous critique jamais 18
Nous avons presque tous de fausses images
    de nous-mêmes, ainsi que de très nombreuses
    conceptions rigides de la vie 19

Pendant notre enfance, le comportement
des adultes qui nous entourent influence notre
manière d'appréhender la vie et nous-mêmes . 19
Devenus adultes, nous avons tendance
à reproduire le monde émotionnel
de notre enfance 20
Toutefois, je ne mettrais pas la faute
sur nos parents 21
Je suis persuadée que nous choisissons
nos parents 21
Votre pouvoir se trouve toujours dans le moment
présent 22
Nous avons toujours et uniquement à faire
à des pensées, et les pensées peuvent
être changées 23
Aussi étonnant que cela paraisse, c'est nous
qui choisissons nos pensées 23
Le sentiment le plus profond qui habite tous ceux
avec qui j'ai travaillé est : « Je ne suis pas
assez bien ! » 24
La rancune, la critique, la culpabilité et la crainte
sont les principales causes de nos problèmes . 25
Nous pouvons changer notre attitude envers
le passé 26
Pour nous défaire du passé, nous devons avoir
le désir de pardonner 27
Toutes les maladies ont pour cause le refus
de pardonner 27

Deuxième partie : Une session avec Louise ... 31

Chapitre 2 : Quel est le problème ? 33

Mon corps fonctionne mal 33
Mes relations sont insatisfaisantes 33

J'ai des problèmes d'argent 34
Ma vie est un échec 34
   Exercice : je devrais 35
L'amour de soi 38
Les bébés sont parfaits 41
   Exercice : miroir 41
Le « problème » est rarement le véritable
   problème 42
Le véritable problème 45

Chapitre 3 : D'où vient ce problème ? 49

Le nettoyage mental 50
   Exercice : massages négatifs 52
L'enfant que vous étiez 53
Accuser votre famille 54
Le choix de nos parents 55
A l'écoute des autres 56

Chapitre 4 : Est-ce vrai ? 59

Examinez vos pensées 60
Ce n'est qu'une croyance héritée de votre
   enfance 61
Tout ce que vous croyez vous paraît vrai 63
Chaque instant est un nouveau commencement . 64
Est-ce vrai ? 65

Chapitre 5 : Que faisons-nous maintenant ? . . 69

La décision de changer 69
Décider de vouloir changer 70
Le ménage 72
   Exercice : je suis décidé à changer 72
Différentes façons de changer 73
   Exercice : le désir de changer 75

Chapitre 6 : La résistance au changement ... 79

La conscience est le premier pas vers la guérison
ou le changement 79
Les leçons peuvent s'apprendre par la prise
de conscience 81
Les indices non verbaux 82
Les suppositions 82
Les croyances 83
Les autres 84
Nos idées sur nous-mêmes 84
Les techniques d'ajournement 85
Le refus 86
La peur 86
Laissez vos amis tranquilles 88
Le travail du miroir 89
Les schémas qui se répètent nous indiquent
nos besoins 90
La volonté et la discipline ne rentrent pas en
ligne de compte 91
Décider de se libérer du besoin 91
L'idée « Je n'en vaux pas la peine » ne peut
que retarder le travail 92
La jalousie envers le bonheur des autres 93
L'estime de soi ouvre de nombreuses portes ... 93
Se critiquer revient à frapper à la mauvaise
porte 94
La critique de soi 95

Chapitre 7 : Comment changer 99

L'élimination du besoin 99
Exemples 100
Exercice : la libération du besoin . . . 101
Votre esprit est un outil 102
Le contrôle de l'esprit 103

Seule votre pensée du moment est contrôlable . . 104
Exemple 104
   Exercice : lâcher prise 105
La détente physique 106
Comment le passé vous retient prisonnier 107
   Exercice : lâcher prise 108
Le pardon 109
   Exercice : la dissolution de la rancœur 110
   Exercice : la vengeance 111
   Exercice : le pardon 111
   Exercice : visualisation 112

Chapitre 8 : La construction du neuf 115

Tout ce sur quoi vous portez votre attention
   prend de l'importance 116
Affirmations 117
L'amour de soi 117
Éduquer son esprit 118
   Exercice : je m'approuve 119
Mettez votre conscience en pratique 121
La graine que nous semons 122
   Exercice : créer de nouveaux changements . 123
Mériter le positif 124
   Exercice : je mérite 124
La philosophie holistique 125

Chapitre 9 : La pratique quotidienne 129

Encouragez-vous toujours 130
Soyez conscient de la « loi » qui agit autour
   de vous 130
Consolidez votre apprentissage 131
Mon travail quotidien 132
Comment débutez-vous votre journée ? 133
La méditation 134

Exercice : affirmations quotidiennes 135
Refusez de croire les pensées limitatives 137
Exercice : je m'aime 138
*Exercice : accordez-vous une nouvelle
personnalité* 138
Exercice : élargissez votre connaissance 139
Les premiers résultats 139

**Troisième partie :
Pour concrétiser toutes ces idées** 143

Chapitre 10 : Les relations 145
Exercice : les autres et moi 146
Comment attirer l'amour 148

Chapitre 11 : Le travail 153
Affirmations pour votre travail 155
Exemple 155

Chapitre 12 : le succès 159

Chapitre 13 : La prospérité 163
Le mérite 164
Créer un espace pour du nouveau 166
Aimez vos factures 167
Réjouissez-vous de la prospérité des autres 168
La visualisation — un océan d'abondance 169
Ouvrez les bras 170
Réjouissez-vous des petits signes
annonciateurs de changement 172
Reconnaissez la prospérité 172
Acceptez les compliments 173

Chapitre 14 : Le corps 177

Chapitre 15 : La liste 205

Quatrième partie 255

Chapitre 16 : Mon histoire 257

Suggestions pour la guérison holistique 271

Psychologie

A la découverte de soi
R. De Lassus.............................. 3614   46 FF
Aimer tout le monde
S. Ananda................................. 3642   37 FF
Analyse transactionnelle (L')
R. De Lassus.............................. 3516   46 FF
Auto-analyse (L')
K. Horney................................. 3577   46 FF
Avoir ou être
E. Fromm 3638   39 FF
Bouddha vivant, Christ vivant
Thich Nhat Hanh.......................... 3649   39 FF
Cette famille qui vit en nous
C. Rialland............................... 3636   39 FF
**Comment acquérir une
super-mémoire**
Dr J. Renaud 3536   39 FF
Comment réussir dans la vie
Groupe Diagram 3545   39 FF
**Communication efficace par la
PNL (La)**
R. De Lassus.............................. 3510   46 FF
**Convaincre grâce à la morpho-
psychologie**
B. Guthmann - P. Thibault 3574   39 FF
Dessinez vos émotions
M. Phillips - M. Comfort................. 3643   37 FF
Développez votre intelligence
G. Azzopardi............................. 3513   46 FF
Dictionnaire des rêves
L. Uyttenhove............................ 3542   37 FF
Efficace et épanoui par la PNL
R. De Lassus.............................. 3563   39 FF

Ennéagramme facile (L')
R. Baron - E. Wagele.................. 3584   39 FF
Ennéagramme (L')
R. De Lassus........................... 3568   43 FF
Entretiens de Bodhgaya (Les)
Dalaï Lama............................ 3650   39 FF
Force est en vous (La)
L. Hay................................. 3647   39 FF
Gestalt, l'art de contact (La)
S. Ginger............................. 3554   46 FF
Guide des fantasmes
A. Hess............................... 3567   43 FF
Intelligence du coeur (L')
I. Filliozat............................ 3580   46 FF
Interprétation des rêves (L')
P. Daco............................... 3501   39 FF
Je teste mon Q.I.
A. Bacus 3570   34 FF
Le bonheur est fait d'instants successifs
M. Mercier........................... 3652   39 FF
Maladies psychiques (Les)
M. Tschui 3569   39 FF
Méditer au quotidien
H. Gunaratana........................ 3644   39 FF
Mémoire au fil de l'âge (La)
Y. Ledanseurs 3593   39 FF
Mémoire, la développer, la garder (La)
P. Dessi............................... 3585   37 FF
Mère Theresa, foi et compassion
N. Chawla et R. Rai.................. 3654   39 FF
Mesurez votre Q.I.
G. Azzopardi......................... 3527   37 FF
Méthode Coué (La)
E. Coué 3514   39 FF

Méthode Silva (La)
   J. Silva - Ph. Miele.....................3591   39 FF
Moments vrais (Les)
   B. De Angelis...........................3646   43 FF
**Oser être gagnant par l'analyse
transactionnelle**
   R. De Lassus...........................3620   39 FF
Oser être soi-même
   R. De Lassus...........................3603   39 FF
Partez gagnant
   T. Hopkins.............................3604   39 FF
Pièges de la perfection (Les)
   S. J. Hendlin..........................3628   46 FF
Plénitude de l'instant (La)
   Thich Nhat Hanh.......................3655   37 FF
**Plus loin sur le chemin le moins
   fréquenté**
   S. Peck...............................3639   39 FF
Pratiquer et vivre la relation d'aide
   J. et C. Poujol........................3579   43 FF
**Prodigieuses victoires de la
psychologie (Les)**
   P. Daco...............................3504   46 FF
Psy de poche (Le)
   S. Mc Mahon...........................3551   39 FF
Psychologie et liberté intérieure
   P. Daco...............................3503   46 FF
Puissance de la pensée positive (La)
   N. V. Peale...........................3607   39 FF
QE, QI : dopez votre intelligence
   G. Azzopardi..........................3586   39 FF
Quel est votre type psycho-sexuel ?
   G. d'Ambra............................3588   39 FF
Réinventer le couple
   C. Rogers.............................3589   39 FF

Réussissez les tests d'intelligence
G. Azzopardi..............................3512   39 FF
Secrets de famille, mode d'emploi
S. Tisseron 3573   37 FF
**7 points clés pour bien
communiquer (Les)**
J.-P. Juès 3581   39 FF
Testez votre quotient émotionnel
G. d'Ambra 3571   39 FF
Tests d'intelligence (Les)
J.-E. Klausnitzer 3529   39 FF
Tests de logique (Les)
J.-E. Klausnitzer 3530   39 FF
Tests psychologiques (Les)
P. Caprili 3533   37 FF
Tests sans stress
A. Bacus 3524   39 FF
Transformez votre vie
L. Hay..............................3633   39 FF
Triomphes de la psychanalyse (Les)
P. Daco..............................3505   46 FF
Vaincre la peur de l'eau
F. Simpère..............................3587   34 FF
Vérité vous rendre libre (La)
O. Clément..............................3656   430FF
Vitamines pour l'âme
J. Canfield - M. Hansen................3645   39 FF
**Voies étonnantes de la nouvelle
psychologie (Les)**
P. Daco..............................3502   46 FF

IMPRIMÉ EN FRANCE PAR BRODARD ET TAUPIN
6636W - La Flèche (Sarthe), le 01-10-1999.

pour le compte des
Nouvelles Éditions Marabout
D.L. octobre 1999/0099/169
ISBN : 2-501-03263-2